Gerhard Zoske

Du stellst meine Füße auf weiten Raum

Gerhard Zoske

Du stellst meine Füße auf weiten Raum

Mit 52 geistlichen und inspirierenden Meditationen durch das eigene Leben

Fromm Verlag

Impressum / Imprint
Bibliografische Information der Deutschen Nationalbibliothek: Die Deutsche Nationalbibliothek verzeichnet diese Publikation in der Deutschen Nationalbibliografie; detaillierte bibliografische Daten sind im Internet über http://dnb.d-nb.de abrufbar.
Alle in diesem Buch genannten Marken und Produktnamen unterliegen warenzeichen-, marken- oder patentrechtlichem Schutz bzw. sind Warenzeichen oder eingetragene Warenzeichen der jeweiligen Inhaber. Die Wiedergabe von Marken, Produktnamen, Gebrauchsnamen, Handelsnamen, Warenbezeichnungen u.s.w. in diesem Werk berechtigt auch ohne besondere Kennzeichnung nicht zu der Annahme, dass solche Namen im Sinne der Warenzeichen- und Markenschutzgesetzgebung als frei zu betrachten wären und daher von jedermann benutzt werden dürften.

Bibliographic information published by the Deutsche Nationalbibliothek: The Deutsche Nationalbibliothek lists this publication in the Deutsche Nationalbibliografie; detailed bibliographic data are available in the Internet at http://dnb.d-nb.de.
Any brand names and product names mentioned in this book are subject to trademark, brand or patent protection and are trademarks or registered trademarks of their respective holders. The use of brand names, product names, common names, trade names, product descriptions etc. even without a particular marking in this work is in no way to be construed to mean that such names may be regarded as unrestricted in respect of trademark and brand protection legislation and could thus be used by anyone.

Coverbild / Cover image: www.ingimage.com

Verlag / Publisher:
Fromm Verlag
ist ein Imprint der / is a trademark of
OmniScriptum GmbH & Co. KG
Heinrich-Böcking-Str. 6-8, 66121 Saarbrücken, Deutschland / Germany
Email: info@frommverlag.de

Herstellung: siehe letzte Seite /
Printed at: see last page
ISBN: 978-3-8416-0583-2

Inhalt

Die Bibelzitate dieses Buches sind mit freundlicher Genehmigung der Deutschen Bibelgesellschaft entnommen aus:

Lutherbibel, revidierter Text 1984, durchgesehene Ausgabe, (c) 1999 Deutsche Bibelgesellschaft, Stuttgart

Gute Nachricht Bibel, revidierte Fassung, durchgesehene Ausgabe, © 2000 Deutsche Bibelgesellschaft, Stuttgart

Danksagung

Ich möchte mich bei meiner Ehefrau *Martina* besonders für ihre Geduld und ihre Unterstützung bedanken. Das Buch wurde zu großen Teilen in der Zeit der Schwangerschaft mit unserer Tochter *Mathilda* geschrieben.

Ich bedanke mich herzlich bei meinen Freunden *Henning Strunk* und *Hans-Helmut Schneider* für die Durchsicht des Manuskripts und ihre kritischen Rückmeldungen.

Ohne meine Geschwister *Reinhilde, Ilse, Birgitt, Susanne* und *Reinhard* wäre ich heute nicht der, der ich bin. Durch dieses Buch möchte ich ihnen etwas von ihrer Unterstützung zurückgeben.

Ich bedanke mich herzlich bei dem Mentor meiner Jugendzeit Pfarrer *Hans-Günther Breuer*, der mir geholfen hat, mein Studium in Kiel zu beginnen.

Zur Schreibweise:

Das Buch ist aus Gründen der besseren Lesbarkeit weitestgehend in der männlichen Form geschrieben. Liebe Leserinnen: Bitte fühlen Sie sich genauso herzlich angesprochen!

Für die Zukunft Márton und Mathilda

In Dankbarkeit für meine Wurzeln

Reinhold (†1983) und Susanne

„Man muss nie verzweifeln, wenn einem etwas verloren geht, ein Mensch oder eine Freude oder ein Glück; es kommt alles noch herrlicher wieder. Was abfallen muss, fällt ab; was zu uns gehört, bleibt uns, denn es geht alles nach Gesetzen vor sich, die größer als unsere Einsicht sind und mit denen wir nur scheinbar im Widerspruch stehen. Man muss in sich selber leben und an das ganze Leben denken, an alle seine Millionen Möglichkeiten, Weiten und Zukünfte, denen gegenüber es nichts Vergangenes oder Verlorenes gibt."

(Rainer Maria Rilke, aus einem Brief an Friedrich Westhoff, 1904)

Vorwort

Jesus von Nazareth hat einmal sehr deutlich gemacht, um welche Menschen er sich besonders kümmern möchte. Im Matthäusevangelium 11,28 ruft er: *„Kommt her zu mir alle, die ihr mühselig und beladen seid; ich will euch erquicken."* Eine andere Übersetzung spricht von denen, die sich „plagen" und „schwere Lasten tragen" müssen. Wenn Sie sich zu dieser Menschengruppe dazuzählen, weil Sie im Leben Erfahrungen gemacht haben, die gewisse Lasten, Probleme, Mühen, Angst und Krisen mit sich brachten, dann ist dieses Buch genau das Richtige für Sie. Es möchte zwischen dem Leidenden und dem, was die Bibel uns dazu lehrt, vermitteln. Angesichts von Krisen und Trauer soll das Evangelium, die Liebe Gottes, neu hörbar gemacht werden. Denn Jesus verheißt gerade den Geplagten Folgendes: *„Nehmt auf euch mein Joch und lernt von mir, denn ich bin sanftmütig und von Herzen demütig; so werdet ihr Ruhe finden für eure Seelen."* (Mt. 11,29). Zu diesem Zweck wurden sehr zielgerichtet solche Bibelstellen ausgewählt, die das Mühselige und die Lasten zur Sprache zu bringen. Auf dem literarischen Markt der Lebenshilfe gibt es dazu auch viele Angebote, gerade in den vielen Regalen einer Buchhandlung unter dem Stichwort „Esoterik". Auch sie wollen Antworten auf die Lasten des Lebens geben. Das finde ich immer wieder imposant, manches allerdings macht mir Angst und ich lasse die Finger davon. Neben den Tarot-Karten liegen die Pendel, die mir meine Zukunft nahebringen wollen. Damit möchte ich eher keinen näheren Kontakt, denn ich habe Angst, Geister zu rufen, die ich dann nicht mehr loswerde. Ich kann mir aber vorstellen, eine Klangschale aus Fernost zu kaufen und zu meinem Gebet erklingen zu lassen oder über Feng Shui nachdenken, warum nicht? Andere Bücher preisen es an, sein indianisches Seelenkrafttier zu finden oder seinen Charaktertyp nach einer speziellen Tradition oder Astrologie zu bestimmen. Aus anderen kann man die Heilkräfte eines Schamanen erkunden. Dann lese ich, wie ich durch die neuen geistigen und spirituellen

Gesetze, die durch meine Gedanken oder Gefühle lediglich genutzt werden müssen, reich, gesund und erfolgreich werde. Diese Vielfalt finde ich interessant und spannend. Manche dieser angepriesenen geistigen und spirituellen Gesetze finde ich nach wie vor auch grundlegend in der Weisheit unserer Bibel. Der moderne, spirituelle Mensch erweitert seinen Horizont gerne, in dem er geistiges Gut aus den anderen Weltreligionen gebraucht, vielleicht, um sich neu und anders, vor allem modern zu fühlen. Mag sein, dass es ihm langweilig erscheint, die eigene Religion zu nutzen, um sich geistlich zu bilden. Vielleicht ist ihm seine christliche Glaubensrichtung, wie sie unsere Vorfahren gelehrt haben, mittlerweile fremd. Aber, in welche neue Richtung man sich religiös umschaut, es geht auch in anderen spirituellen Traditionen nur um das eine. Wie kommunizierst Du mit dem göttlichen Ursprung? Es heißt dann aber nicht mehr Gebet, Glauben, Sünde und Gott (uralt), sondern Karma, Seinsgrund, Weltenseele und spirituelles „Secret" (teils auch uralt, aber interessant und fremd). Die 52 Andachten dieses Buches möchten zeigen, dass die geistlichen Gesetze, die Spiritualität und der Kontakt zum Urgrund unseres Seins, Gott genannt, nach wie vor auch in der Bibel zu finden sind. Es macht Sinn, mit dieser göttlichen Ebene zu kommunizieren, also zu beten. Es werden zu diesem Zweck auch unbekanntere, sogenannte „apokryphe"[1], nicht kanonische Bibelstellen genutzt, um alte Glaubensaussagen neu hörbar und begreifbar zu machen. Ich muss nicht weit weggehen, um mir selbst oder Gott zu begegnen, denn wie weit ich auch reise, ich nehme mich immer selbst mit!

Sie können jede Andacht als Wochenandacht lesen. Dann haben Sie einen Wochenbegleiter durch das ganze Jahr in der Hand. Sie können aber auch nach Interesse oder nach innerem Bedürfnis kreuz und quer lesen und sich

---

[1] Apokryphe Bibelbücher handeln auch vom jüdischen Gott, wurden aber in den ersten vier Jahrhunderten n.Chr. nicht in die „offizielle" Bibel (Kanon) aufgenommen. In der Lutherbibel sind die sogenannten Apokryphen die Bibelbücher, die zwischen dem Alten und dem Neuen Testament stehen.

inspirieren lassen. In jedem Fall, nehmen Sie sich bitte Zeit, um über die jeweilige Bibelstelle nachzudenken oder zu meditieren und sich klar zu werden, an welcher Stelle Ihre Seele berührt wird. Der Heilige Geist wird Sie finden, Ihren (christlichen) Geist und damit auch *„Deine Füße auf weiten Raum stellen"* (Psalm 31,9b). Gott möchte uns zu persönlichem Wachstum motivieren, indem wir Altes neu entdecken, überdenken und auf diese Weise Neues zu unserem vertrauten Glauben hinzufügen und es integrieren. Paulus, unser großer Missionar des Christentums, rät uns bei unserem geistlichen Wachsen, alles Neue wirklich zu prüfen, und das Gute davon zu behalten (1. Thessalonicher 5,21). Vielleicht sind Sie auch, wie ich, ein Grenzgänger, der neugierig über den christlichen Tellerrand blicken möchte, um Neues zu entdecken, aber seine christliche Basis dabei nicht ganz verlassen möchte. Wenn Sie, wie ich, dabei den Hang zur Melancholie haben, können Sie gerne mit mir zusammen über den Umgang mit Leid, Verlust und die Grenzen des Lebens nachdenken. Aber auch die Aufforderung Gottes, sich angesichts dieser Grenzerfahrungen des Lebens positiv zu stärken, wird Thema mancher Andacht sein. So erfahren wir vielleicht, wie den Plagen, Ängsten und Lasten unseres Lebens einiges von ihrer Schwere genommen wird und wir vom Geist Gottes ins Weite gestellt werden. Vielleicht wird es möglich, sich trotz der Lasten aufrichten zu können, durchzuatmen und einen gangbaren Lebensweg vor sich zu sehen, der im Horizont mündet. So wünsche ich uns Gottes reichen Segen beim Suchen, Finden, Prüfen, Wachsen und Heilen. Denn was von dem Neuen zu unserem alten Glauben passt, wird auch bei uns bleiben. Und es erfüllt sich vielleicht das Psalmwort des Buchtitels in Ihrem eigenen Erleben: *„Du stellst meine Füße auf weiten Raum."* (Psalm 31,9).

Gerhard Zoske im Sommer 2015

Gebetserhörung – wie geht das?

Markus 11,12-14 und 11,21-25:

Als sie Betanien am nächsten Morgen wieder verließen, bekam Jesus Hunger. Da sah er in einiger Entfernung einen Feigenbaum, der schon Blätter trug. Er ging hin, um zu sehen, ob nicht Früchte an ihm wären. Aber er fand nichts als Blätter, denn es war nicht die Jahreszeit für Feigen. Da sagte Jesus zu dem Feigenbaum: „Von dir soll nie mehr jemand Feigen essen!" Seine Jünger konnten es hören.

Dann gingen die Jünger mit Jesus weiter und er vollzog die Tempelreinigung[2]

Früh am nächsten Morgen kamen sie wieder an dem Feigenbaum vorbei. Er war von der Wurzel her abgestorben. Da erinnerte sich Petrus und sagte zu Jesus: „Rabbi, sieh, der Feigenbaum, den du verflucht hast, ist verdorrt!" Jesus antwortete: „Habt Vertrauen zu Gott! Ich versichere euch: Wenn jemand zu diesem Berg sagt: 'Auf, stürze dich ins Meer!', und hat keinerlei Zweifel, sondern vertraut fest darauf, dass es geschieht, dann geschieht es auch. Deshalb sage ich euch: Wenn ihr Gott um irgendetwas bittet, müsst ihr nur darauf vertrauen, dass er eure Bitte schon erfüllt hat, dann *wird* sie auch erfüllt."

Auslegung

Das ist ein freches, vollmundiges und paradoxes Versprechen, dass auf unser Gebet hin bereits ziemlich viel passiert ist, wenn wir nur ein paar Gebetsregeln einhalten. Aber zunächst einmal zeigt diese Erzählung, wie

[2] Theologisch Vertiefendes bei Walter Rebell: „Alles ist möglich, dem der glaubt", S. 47ff.

menschlich Jesus ist. Er hat Hunger, bekommt aber so schnell nichts zu essen, wird deshalb zornig und missgelaunt und lässt seine Wut an einem unschuldigen Feigenbaum aus. Die Ungerechtigkeit, die Jesus hier begeht, wird durch den Umstand noch vergrößert, dass es gar nicht die Jahreszeit für Feigen war. Der Baum konnte ja nur Blätter vorweisen. Das war Jesus egal. Er sprach ein Fluchwort aus, wie es ein Prophet macht. Jesus hat geflucht! Das wundert mich. Einen echten Propheten kann man übrigens von einem unechten Propheten darin unterscheiden, dass des echten Propheten ausgesprochene Botschaft wirklich geschichtlich eintritt. Dass die Erzählung nach dem Fluch stoppt und unterbrochen wird und zunächst die Erzählung von Jesu Tempelreinigung folgt, ist Teil des pädagogischen Plans des Evangelisten Markus. Er möchte uns damit eine seiner Regeln der Gebetserhörung beibringen. Jesu Fluch kann uns dabei als Gebet gelten. Zwischen dem Gebet und dessen Erfüllung gibt es offenbar eine Zeit, in der zunächst scheinbar nichts geschieht, zumindest nichts Sichtbares. Das Geheimnis liegt darin, dass der Baum von der Wurzel her verdorrte und Petrus am nächsten Morgen, als die Gruppe um Jesus wieder am Baum vorbeikam, nur noch die Folge erstaunt feststellen konnte, dass der Baum tatsächlich verdorrt war. Jesu Fluch- oder Gebetswort hat bei der Wurzel, lateinisch radix (davon radikal), angesetzt. Am vorigen Tag konnten die Jünger die Wirkung des Gebets noch nicht sehen, da die Wurzel unter der Erde liegt. Wenn wir vollmächtige und glaubensvolle Gebete aussprechen, müssen wir also mit einer gewissen Inkubationszeit rechnen, einer Zeit, in der scheinbar nichts geschieht. Und in dieser Zwischenzeit sollen wir nicht daran zweifeln, was wir erbeten haben, sondern wir sollen sofort innerlich annehmen, dass wir das Erbetene bereits jetzt erfüllt in unserem Leben haben. Das berühmte „Bergeversetzen" wird immer dann unsere innerste Sehnsucht, wenn wir Probleme vor der Brust spüren, die uns den Atem rauben. Dieses Bibelwort verspricht uns, dass wir erfahren werden, wie diese

Probleme verschwinden werden, also im Meer versinken. Es geschieht demnach immer etwas auf unsere Gebete hin, wenn wir danach Vertrauen aufbringen. Inzwischen sollen wir nämlich nicht nervös und voller Ungeduld auf die Gebetserhörung warten. Sondern wir dürfen unserem Tagesgeschäft nachgehen und vielleicht sogar vergessen, dass wir ein wichtiges Gebetsanliegen begonnen haben. Auch Petrus musste sich an „gestern" erst erinnern. Es soll kein Gebetsk(r)ampf sein, der uns fesselt, sondern im Augenblick unseres Gebets sollen wir alle spirituellen Kräfte sammeln und unser Gebetsanliegen in die geistliche Welt versenden und dann genauso intensiv wieder loslassen, vielleicht sogar „vergessen". Und wie für alle Gebete gilt auch für in diesem Sinne entwickelten Gebete der Vorbehalt, dass sie scheitern können und sich unsere Wirklichkeit nicht gemäß dem Wunschgedanken entwickelt. Wir sollen uns dann nicht mit Selbstvorwürfen quälen, uns nicht zu wenig Glaube oder zu viel Zweifel vorwerfen. Dann können wir uns an das „Vater unser" erinnern, das uns beten lässt, dass Gott selbst seine Vorstellungen von unserem Leben hat. Denn wie Jesus selbst im Garten Getsemane zu seinem Vater betete, „geschehe nicht mein, sondern dein Wille!" Trotz der Gefahr der Nichterfüllung ist es einen Versuch wert. Wenn ich zurückdenke, so habe ich schon viele Geschenke von Gott erhalten, manches wiederum war mir nicht vergönnt. Dennoch suche ich immer wieder den Draht „nach oben" und vergesse es dann wieder, bis ich mich dann erinnere, dass da etwas war. Vielleicht schickt Gott dann seine Antwort und ich kann den nächsten Schritt gehen. Manchmal geschieht etwas, nur nicht das, was ich mir vorstellte. Trauen wir Gott dennoch in unserer Spiritualität ein Handeln zu, obwohl wir noch nichts davon sehen. Dann versetzen sich plötzlich unsere Berge im Leben.

Gott als Freund

Prediger 6,16

Ein treuer Freund ist ein Trost im Leben; wer an Gott glaubt, der bekommt solchen Freund.

Auslegung

Verstehen Sie, was wahre Freundschaft ist? Haben Sie die Begabung, ein echter Freund, eine echte Freundin für einen anderen Menschen zu sein? Spüren Sie die Loyalität zu einem anderen Menschen? Vielleicht gelingt es Ihnen sogar, diese Person lange an sich zu binden. Sie können tiefe Geheimnisse miteinander teilen, hecken miteinander Pläne aus, gehen durch dick und dünn, stehen sich in Freud und Leid bei, trösten einander, lachen gemeinsam, inspirieren sich immer wieder und beschenken sich. Sie können sich lange nicht sehen und dennoch ist ein neues Treffen von tiefer Vertrautheit geprägt und sie können einfach da wieder anknüpfen, wo sie sich damals aus den Augen verloren haben. Dann haben Sie Glück. Sie erfahren wahre Freundschaft und haben in Ihren Freunden eine neue Familie gefunden. Eine Familie, die sie dieses Mal selbst gewählt haben; denn unsere Herkunftsfamilie können wir uns nicht aussuchen. Es muss mit den Angehörigen also nicht zwingend eine Freundschaft entstehen. Der Prediger bestätigt uns, dass ein echter Freund ein Trost im Leben ist, weil er näher an unserem Leben, unserer Freude und unserem Leid teilnimmt, als fremde Menschen. Auch Gott will für uns solch ein Freund sein. Er will mit uns lachen, mit uns weinen. Vielleicht teilen wir mit ihm unsere letzten allergeheimsten Geheimnisse, die wir nicht einmal unseren Freunden sagen. Gott ist so nah in uns, dass er nicht lange braucht, zu erkennen, was uns wirklich tief in unserer Seele berührt oder welche Sorge uns nicht schlafen lässt. Ihn dürfen wir hinein nehmen in den tiefsten Ort unserer Seele und seinen Trost zulassen, denn wir können mit tiefem Ausatmen und blindem Vertrauen alles in seine Hände legen. Denn er will unser bester Freund sein und uns trösten. Geben wir ihm eine Chance!

Gott als Quelle unserer Energie

Matthäusevangelium 11,28

Jesus Christus spricht: „Kommt her zu mir alle, die ihr mühselig und beladen seid, ich will euch erquicken."

Auslegung

Ich habe mich heute, als ich diese Andacht schrieb, gefragt, wer Sie sind. Welche Menschen lesen wohl dieses Buch? Was bewegt Sie? Sie machen hier beim Lesen dieses Buches vielleicht gerade eine kurze Pause von ihrem Alltag, kommen vielleicht gerade von der Arbeit oder aus der hektischen und konsumorientierten Stadt mit all ihren Geschäften. Oder Sie haben gar keine Arbeit, umso mehr haben Sie Zeit, über sich und die Welt nachzudenken. Vielleicht sind Sie gerade krank, haben Streit mit Jemandem oder fühlen sich einsam. Vielleicht belastet Sie etwas so schwer, dass Sie schon voller Schwermut sind und gebückt durchs Leben gehen. Wie auch immer: jetzt führt Sie Ihr Weg in die Nähe Gottes. Was suchen Sie? Ist es Ihnen selbst bewusst? Was brauchen Sie? Ich vermute, eines haben Sie und ich gemeinsam. Irgendwie leiden wir immer wieder auch ein Stück an uns selbst. Irgendetwas stört uns immer an uns, mit dem wir einfach nicht zufrieden sind, das wir uns immer und immer wieder vorwerfen. Ein Psalmbeter drückt das so aus: *"Gott, Du bist reich an Liebe und Güte, darum erbarme dich über mich, vergib mir meine Verfehlungen."* (Psalm 51,3). Und wenn wir das, was uns stört und uns an uns selbst nervt, immer vor Augen haben, dann schwächt das unsere innere Kraft, es raubt uns wichtige Energien. Wir brauchen eigentlich etwas, das uns durchatmen lässt, ein gutes Wort, auf das wir bauen können, weil es nicht von uns stammt, sondern von einem, der größer ist, als wir selbst, von Gott. Und in

Gottes Auftrag kommt einer, dessen Ankunft wir auf Erden in der beginnenden Adventszeit feiern: Jesus Christus. Seine Rede an uns ist eindeutig. Sein Wort meint wirklich unser Innerstes, weil er uns besser kennt, als wir uns selbst. Er sieht, was uns quält! Er sieht auch, dass wir manchmal zu schwach dazu sind, das, was uns an uns stört, abzustellen. Er weiß, dass wir uns im Geist oft gute Vorsätze auferlegen, sie aber dann nicht einhalten. Dieser Menschenkenner sagt heute zu uns: „Komm her, wenn es Dir schlecht geht und du nicht mehr ein noch aus weißt. Ich werde dir einen Zugang zu mir verschaffen und dich aufbauen. Lasse es nur zu." Bitten wir um Vergebung für das, was uns an uns stört, so wird er unsere Schwäche lieben. Er will nicht nur die Ursache unserer Sünde vergeben, sondern unsere Verletzungen und Handicaps in unserer Seele heilen, so dass wir uns nicht krampfhaft verstellen müssen. Er heilt uns mit der Zeit so, dass wir es bald einfach nicht wieder tun oder erleben, was uns so stark an uns stört. Weil wir wieder Zugang zu ihm, unserer Quelle, haben. Das erfordert aber Geduld und regelmäßigen Kontakt mit Jesus. Stellen wir uns vor, wie er uns in seine Arme schließt und uns gerade weil er uns kennt, liebt. Er ist unsere Quelle.

Die menschliche Seite Jesu

Matthäusevangelium 11,19

Der Menschensohn ist gekommen, isst und trinkt und sie sagen: „Seht ihn euch an, diesen Vielfraß und Säufer, diesen Kumpan der Zolleinnehmer und Sünder!"

Markusevangelium 3,21

Als das [Jesu] Angehörige erfuhren, machten sie sich auf den Weg, um ihn mit Gewalt wegzuholen, denn sie sagten sich: „Er muss verrückt geworden sein."

Lukasevangelium 4,28ff

Als die Menschen in der Synagoge das hörten, wurden sie wütend. Sie sprangen auf und trieben Jesus aus der Stadt hinaus, bis an den Rand des Berges, auf dem Nazareth liegt. Dort wollten sie ihn hinunterstürzen. Aber Jesus ging mitten durch die Menge hindurch und zog weiter.

Auslegung

Mich haben diese drei Szenen in den Evangelien in meiner Jugend, als ich gerade Christ geworden war, besonders fasziniert. Ich glaube, weil sie Jesus als gewöhnlichen Menschen zeigen, der wiederum sehr menschliche Reaktionen bei anderen hervorrief. Ich habe diese Szenen eigentlich unzulässig aus ihrem Kontext gerissen, aber mich interessiert nicht in erster Linie, was zu diesen Reaktionen der Menschen auf Jesus geführt hat, sondern allein die heftigen Reaktionen als solche. Es geht um Menschen, die auf besondere Weise auf diesen Sohn Gottes ansprechen. Bei Matthäus sind es die Gelehrten und Religiösen seiner Zeit, die meinen, ihn in eine gewisse

Schublade stecken zu müssen, wahrscheinlich, um ihn damit besser kontrollieren und in eine unbedeutende Wirklichkeit einordnen zu können. Sie stufen ihn zum einen als Vielfraß und Säufer ein. Und zum anderen als Freund der Verachteten des eigenen Volkes: der Zolleinnehmer und derer, die den Gesetzen der Religion widersprechend lebten, den Sündern. Er der vermeintliche Spirituelle Meister, der seine besondere Nähe zu Gott, dem Heiligen, betonte, lebte eine unbewusste und unreflektierte Nähe zu diesen Menschen am Rande der Gesellschaft und wusste, wie man mit ihnen feiert. Und die religiösen Führer beobachteten seinen Kontakt zu ihnen und gaben Jesus für einen Rabi, Lehrer der Religion, sehr herabsetzende Titel. Anhand dieser Spottnamen „Vielfraß" und „Säufer" kann man indirekt doch nichts anderes als Jesu Art herauslesen, sich mit Essen und Trinken des Lebens zu freuen und sich intensiv auf die Welt seiner neuen Freunde, der Sünder, einzulassen, ohne sie zu verurteilen. Er war ein echter Kumpel und Freund. Ihm war die Beziehung zu den bedürftigen Menschen wichtiger, als sein Ruf, den er nun eh nicht mehr ändern konnte.

Markus beschreibt uns eine andere heftige emotionale Reaktion der eigenen leiblichen Familie auf Jesus. Gehören zu ihnen nicht auch Maria und Josef? Wie dem auch sei: Sie wollten ihn hart mit Gewalt angehen und hielten ihn für verrückt. Jesu Lebensart muss für die Menschen, in deren Mitte er aufwuchs, so irritierend und provozierend gewesen sein, dass sie ihn von den Menschen wegreißen wollten, die er nun „seine neue Familie" nannte. War ihre Reaktion auf ihn so heftig, weil sie ihn schon als Kind kannten? Da hatten die Propheten wohl Recht, wenn sie sagten, dass der Prophet in seiner Heimat nicht viel gilt. Kennen wir das nicht auch von uns selbst? Die alten Rollen in unserer Familie, im Dorf, der Schule unserer Heimatstadt, haben uns doch auch schon immer in eine Schublade gesteckt. Vielleicht haben wir es geschafft, von zu Hause fortzugehen, um uns neue Rollen zu erobern, ohne dass man uns von früher her kannte? Und bleiben wir zu Hause nicht letztlich immer bloß die Kinder unserer Eltern? Kommen wir da je aus den alten Rollen heraus? Ich bezweifle es. Für Jesus kam es so weit, dass seine Familie ihn für verrückt erklärte. Er hatte nicht sehr viel Spielraum, einmal neu zu handeln, ohne seine Familie heftig gegen sich aufzubringen. Übrigens berichtet die Bibel über die Ursache der Reaktion der Familie nur, dass zu Jesus eine sehr große Menschenmenge zusammenkam, so dass Jesus und seine Jünger nicht einmal essen konnten. War es der Neid seiner Familie, dass er im Begriff war, eine bedeutendere Person zu werden, als sie es waren?

Und dann ist da noch die religiöse alte Familie in seiner Heimatstadt Nazareth. Lukas weiß, dass sie ihn sogar umbringen wollten, als er in seiner alten Synagoge lehrte. Er lehrte dort nicht irgendwas und es war so undenkbar dreist in den Augen der Zuhörer, dass sie ihn ermorden wollten. Jesus hat sie mit seinem Auftreten und seinem neuen Anspruch an eine neue Rolle wild und aggressiv gemacht. Als er am Abgrund stand, kommt es zur Krise. Von der Gruppe bedroht, fokussiert sich Jesus und geht durch sie hindurch. Er verließ seine Heimatstadt. Als würden die Mordwilligen sich plötzlich ihrer bösen Absicht klar werden, halten sie inne und lassen ihn gehen. Er war ein Mensch, den sie seit seiner Kindheit kannten. Ich mag diesen menschlichen Jesus. Jesus hatte übrigens in der Synagoge darauf hingewiesen, dass der Prophet Elischa keinen Einheimischen heilen konnte, sondern lediglich den Syrer Naaman, also einen Ausländer! War das der Beginn des Entschlusses Jesu, universal über die Grenzen Israels hinaus, Gott bekannt zu machen und Menschen vieler Nationalität zu heilen? Danke Jesus, dass du auch darin für uns zu einem Vorbild geworden bist, über den begrenzten Horizont und das Schubladendenken unseres Zuhause und unserer Ursprungsfamilie hinauszuwachsen. Danke!

Keine Finsternis ohne Licht

Römerbrief 8,28

Paulus spricht: „Wir wissen: Wenn Jemand Gott liebt, muss alles dazu beitragen, dass er das Ziel erreicht, zu dem Gott ihn nach seinem Plan berufen hat."

Mit zunehmender Lebenserfahrung wage ich mehr und mehr, die spirituelle Meinung zu vertreten, dass aus jeder Finsternis Licht entstehen kann. Licht und Finsternis erscheinen mir zunehmend nicht als zwei ungleiche und sich fundamental unterscheidende Realitätszustände, sondern direkt zusammengehörig, ja geradezu aufeinander bezogen und voneinander abhängig. In unserer polaren Wirklichkeit, die zu oft aus Gegensätzen besteht, wie z.B. Liebe und Hass, Krieg und Frieden, funktioniert vieles nur über diese Gegensätze. Unsere Wahrnehmung dieser polaren Zustände haben wir, weil wir in Raum und Zeit das eine vom anderen unterscheiden können. Wäre alles eins, hätten wir keine Möglichkeit, eine differenzierte Zuordnung zu unternehmen. Und deshalb glaube ich, dass im tiefsten Innersten tatsächlich alles eins ist, weil sich letztlich alle Gegensätze wieder aufheben. Im christlichen Glauben gilt seit neutestamentlicher Zeit auch ein Gegensatzpaar ungleicher Personen: Jesus und der Teufel, später auch durch den christlichen Volksmund Lucifer genannt. Dieser Name birgt das Licht (von lateinisch: lux) und das Tragen/Bringen (von lateinisch ferre) in sich. Lucifer gilt somit als der „Lichtträger". In manchen Zusammenhängen wird er auch „der Morgenstern" genannt. In der Kirchengeschichte ist die Abgrenzung zwischen diesen beiden Personen nicht ganz klar, weshalb frühe Christen Lucifer für einen Beinamen Christi hielten. Aber für unser biblisches Verständnis wirkt der eine für das Licht, das Helle, das Heilende und der andere steht für die Finsternis, die Dunkelheit, das Zerstörende und krank

Machende. Sprachlich hat das seinen Niederschlag z.B. auch im höllischen Lärm und der himmlischen Stille gefunden. In Lukas 10,17 sieht Jesus den Satan wie einen Blitz vom Himmel fallen. Ich glaube, dieser Satan oder Lucifer kommt zu Unrecht so schlecht weg und die frühen Christen hatten unbewusst die rechte Ahnung. Lucifer, der vielleicht Böses will, bringt letztlich doch das Licht mit sich oder nach sich. Ich beobachte immer wieder, wie z.B. aus Scheitern Erfolg wird, aus Zerstörung Neues entsteht, in der Schwäche die Stärke liegt. Leiden ziehen oft positive Erfahrungen an und wer weiß denn schon, ob nicht all die gequälten Opfer der Kriege nicht im Schoße Gottes mit unbeschreiblich schöner Liebe, Licht und Geborgenheit liegen. So erfahren Leiderfahrene Gottes besonderen Trost über all das, was sie erlebt haben. Ich möchte hier sinnlose Leiderfahrungen, die Menschen sich zufügen können, nicht verharmlosen. Aber dort, wo das Schicksal schwer zuschlägt, kann man oft beobachten, dass aus dem Leiden ein Licht entstehen kann, welches man als Licht göttlichen Ursprungs deuten könnte. Josef, der Sohn von Jakob und Rahel erlebte Versklavung, Gefängnis und Verschleppung in Ägypten. Seine Brüder hatten ihn an Händler verkauft, er aber wurde durch gute Umstände mittlerweile ranghöchster Ägypter nach dem Pharao. Und genau zu diesen seinen Brüdern sagte er am Ende: *„Ihr hattet Böses mit mir vor, aber Gott hat es zum Guten gewendet.*" (Genesis 50,20). Und Dietrich Bonhoeffer, der auf den persönlichen Befehl Hitlers noch kurz vor dem Ende des 2. Weltkriegs hingerichtet wurde, hat es einmal so ausgedrückt: „Ich glaube, dass Gott aus allem, auch aus dem Bösesten, Gutes entstehen lassen kann und will. Dafür braucht er Menschen, die sich alle Dinge zum Besten dienen lassen. Ich glaube, dass Gott uns in jeder Notlage so viel Widerstandskraft geben will, wie wir brauchen. Aber er gibt sie nicht im Voraus, damit wir uns nicht auf uns selbst, sondern allein auf ihn verlassen. In solchem Glauben müsste alle Angst vor der Zukunft überwunden sein."[3] Wie viele Menschen wurden bisher durch die Josefsgeschichte und durch das Schriftgut Bonhoeffers dazu inspiriert und motiviert, sich alle, tatsächlich alle Dinge, zum Besten dienen zu lassen. Wagen wir es?

[3] Dietrich Bonhoeffer: „Widerstand und Ergebung", S. 22f.

Gott als Glucke

Psalm 36,8

Deine Liebe ist unvergleichlich. Du bist unser Gott, du breitest deine Flügel über uns und gibst uns Schutz.

Psalm 63, 8

Ja, Du hast mir geholfen, im Schutz deiner Flügel kann ich vor Freude singen.

Auslegung

Wurden Sie schon mal gefragt: "Was ist Glauben?" "Was tut man, wenn man glaubt?" Als Prediger sage ich dann oft: Glauben ist gleichzusetzen mit Vertrauen. Vielleicht haben Sie das auch schon mal in einer Predigt gehört: Ein gläubiger Mensch, ein Christ, vertraut seinem Gott. Dennoch gehört noch mehr dazu, Glauben als etwas Fruchtbares zu erleben, als nur der Hinweis, es sei Vertrauen. Die Frage nach Glauben hängt mit einem anderen Aspekt zusammen, nämlich, wer oder wie Ihr Gott für Sie ist? Ist er überhaupt vertrauenswürdig? Oder rechnen Sie mit Bestrafung, wenn Sie nicht so handeln, wie er es will. Oder meinen Sie, dass er, wenn es wirklich darauf ankommt, Sie doch nur im Stich lässt? Oder geht Ihr Gott mit Ihnen durch dick und dünn und Sie verlassen sich blind auf ihn? Welches Bild, welche Vorstellung haben Sie von Gott? Wer ist er für Sie? Ist er der entfernte Weltenrichter, der nur darauf wartet, dass Sie fallen, um zu sagen: "Siehst du, habe ich Dir doch gesagt!" oder ist er anders, ja, eher wärmer, wohlwollender? Die Bibel hat ein, wie ich finde, schönes Bild dafür entwickelt, wie Gott ist. Es wird den Menschen geholfen, indem sie unter seinen Flügeln Schutz finden. Gott wird Dich mit seinen Fittichen zudecken und Du wirst unter seinen Flügeln Zuflucht haben. Seine Liebe gilt als unvergleichlich. Er breitet seine Flügel über uns aus und gibt uns Schutz. Gott wird als Jemand dargestellt, der Flügel hat. Wir denken sofort an einen Vogel, der auch seine Kinder unter seine Flügel nimmt und schützt, die Glucke. Stellen Sie sich vor, ein Raubvogel kommt in die Nähe einer Glucke mit Küken. Sie können nicht so schnell sehen, wie sie ihre Flügel aufplustert und alle Küken unter ihren Flügeln verschwinden. So wie die Glucke für die Küken, will Gott für Sie da sein! Sie sollen in Vertrauen zu Gott laufen und er breitet in Gefahr oder einfach, wenn Sie es brauchen, seine Flügel über Ihnen aus. Jemand unter solchen Flügeln kann sich sehr geborgen fühlen. Wenn wir dieses Bild in unserem Herzen verinnerlichen, so kann diese Deutung Gottes als Glucke unser Herz erweichen. Unser Herz ist der Ort, an dem wir glauben. Glaube ist ein Gefühl der Geborgenheit. Viele von uns sind in ihren Herzen schon oft von Menschen verletzt worden. Sie haben sich vielleicht geschworen, sich nie wieder zu erlauben, so stark zu fühlen, damit Sie nicht wieder so verletzt werden, wie es schon passiert ist. Sie haben vielleicht Ihr Herz verschlossen und nun spüren Sie auch Gott in Ihrer Nähe nicht mehr. Ich wünschte, dass diese Worte Ihnen Mut machen, sich mit Ihrem verletzten Herzen an Gott selbst zu wenden, um ihm alles zu klagen, was Sie bedrückt. Er will Sie heilen, erlauben Sie es ihm und bitten Sie ihn darum, sich Ihnen erlebbar zu machen, damit er für Sie wieder neu das sein kann, was eine Glucke für ihre Küken sein möchte: Schutz und Beistand in aller Not.

Alles hängt von Gott ab, aber ohne uns geht es nicht

Hebräerbrief. 3,15

Heute, wenn ihr seine Stimme hören werdet, so verschließt eure Herzen nicht.

„...so verschließt eure Herzen nicht"? Kommt drauf an, was wir uns anhören müssen! Verstocken z.B. kann man als Zuhörer einer Andacht oder Predigt, wenn man die Rede vom Evangelium in den sogenannten „falschen Hals" bekommt! Verstocken wir nicht, wenn uns, den Zuhörern, in einem Gottesdienst immer erst unsere „Sündigkeit" bewusst gemacht wird? Laufen wir so nicht Gefahr, durch unser Christsein, ein miserables Selbstwertgefühl zu entwickeln? Was, wenn zwar verkürzt, aber dennoch tief im Herzen nicht die gute Botschaft von der Liebe Gottes bei uns ankommt, sondern wir in der weniger schönen Nachricht gefangen bleiben, dass wir Menschen vor Gott zunächst einmal als sündig und minderbemittelt dastehen? Wir denken dann, es Gott nicht recht machen zu können. Wer nach dieser Nachricht abschaltet und die Predigt dann nicht weiterverfolgt, weil er den Gedanken hat, vor Gott nicht wert genug zu sein, kann auch schon mal leicht einen gewissen Trotz gegen den Pfarrer entwickeln. Und wenn der Zuhörer diesem Priester glaubt, könnte er sogar an Gottes Liebe zweifeln. Ich verstehe diese Gegenwehr sehr wohl, denn ein verletztes und von sich aus schon demütiges und sich minderwertig fühlendes Herz ist schon selbst in die Tiefe hinabgestiegen. Da muss sich der Mensch dann selbst schützen und sagen: „Ich kann das nicht". Denn ein verletzter Mensch braucht nicht noch mehr Sündeneinsicht, sondern Heilung für sein verletztes Herz. Der Hebräerbrief nennt den verletzten, sich schützenden Zustand eines solchen Herzens: „verstockt". Da könnte man mit Engelszungen gegen anreden, es kommt keine Bewegung in ein solches Herz.

Ich möchte uns alle ermutigen, nicht der Versuchung zu erliegen, die verstockte Haltung vor Gott beizubehalten, auch wenn er uns zunächst als heiliger und uns überlegener Gott in mancher Predigt entgegentritt. Ich möchte uns durch eine Art Weisheitsspruch schützen, den mir ein katholischer Priester während meiner Jahresexerzitien in einem Kloster beigebracht hat. Der Spruch lautet: "Alles hängt von Gott ab, aber ohne uns geht es nicht." Den ersten Teil kennen wir zur Genüge: "Alles hängt von Gott ab". Er ist der Urgrund des Lebens, ohne seine Ideen der Schöpfung gäbe es uns nicht. Aber „ohne uns" geht es nicht! Das bedeutet, Gott hat keine anderen Herzen als unsere menschlichen, keine anderen Hände als die unseren. Ist uns bewusst, was das im Verhältnis zu Gott bedeutet? Gott wirkt hier auf Erden hauptsächlich durch uns hindurch, als seine Geschöpfe auf Augenhöhe! Zugespitzt gesagt: Wir sind ganz entscheidende Verbündete Gottes, sozusagen seine Mitwirker, die nach Gottes Willen aber auch eigene Ideen und Pläne haben dürfen. Bedeutet das für uns, dass wir absolut freie Geschöpfe sind? Ja und Nein. Martin Luther macht es durch seine Zwei-Reiche-Lehre deutlich. Es besteht in unserer Kultur eine weltliche Seite und eine geistliche Seite der Wirklichkeit. In der Welt, also in Raum und Zeit, ist der Mensch absolut frei. Er kann tun und lassen, was er will. Ob seine Handlungen immer so gut sind, das sei dahin gestellt. Viele Menschen machen von der negativen Seite Gebrauch und fügen anderen großen Schaden zu. Aber gerade das ist ja die Definition von Freiheit: Wirklich frei ist der, der auch zu seinem existentiellen Nachteil handeln kann. Sozusagen wider alle Logik und gegen jeden Menschenverstand kann ein Mensch sich selbst umbringen und seiner Existenz sofort ein Ende setzen. Nehmen wir das Beispiel eines Selbstmordattentäter: Dieser schadet willentlich sich und anderen. Er selbst muss dafür aber auch die Verantwortung übernehmen, vor den Menschen und vor Gott, denn er hat aus freien Stücken gehandelt.

Neben diesem weltlich materiellen Raum gibt es auch den geistlichen Bereich. Jesus würde es z.B. das Reich Gottes nennen. Der Unterschied zum weltlichen Raum dem zweiten Reich dieser Weltwirklichkeit, gilt nicht unser freier Wille als Maßstab, sondern Gottes Geist ist der „Bestimmer". Ob ein Mensch ein Erlebnis hat, das er dann als eine Gottesbegegnung wahrnimmt und als solches deutet, das obliegt nicht dem Wollen des Menschen. Ein solches Erleben kann z.B. als eine innere Berufung, eine Offenbarung Gottes, ein Sprechen Gottes selbst oder buddhistisch gesprochen, eine Erleuchtung sein. Wer so etwas erlebt, weiß in dem Moment, dass Gott ihm gerade begegnet. Und der Wille des Menschen kann dieses alles nicht absichtlich erwirken, weder Ort, Zeit oder Umstände dieses Erlebnisses. Denn der Urheber einer solchen Erfahrung ist und bleibt Gott oder der göttliche Urgrund unserer Existenz. Und das Wesen dieses Gottes ist Liebe[4]. Die Liebe aber lässt sich nicht erzwingen oder herbeizitieren. Sie schenkt sich, ganz in aller Freiheit und nach ihren eigenen geistlichen Gesetzen, oder nicht. Jetzt ist es aber so, dass wir dennoch einen entscheidenden Einfluss auf die Möglichkeit eines geistlichen Erlebnisses nehmen können. Wir sollen, heißt es in unserem Bibelvers, unser Herz zunächst einmal nicht verstocken und verschließen gegenüber der Möglichkeit Gottes, in das Leben einzutreten. Der Mensch kann gute spirituelle Bedingungen dafür schaffen, womit er das Wirken des Heiligen Geistes einlädt. Andersherum kann er es der Liebe Gottes sehr schwer machen, indem er sich z.B. als Atheist definiert und jegliches Offenbarungshandeln einer göttlichen Ebene in seinem Leben ausschließt. Das ist das gute Recht eines Menschen, denn die Liebe wiederum möchte einen Menschen auch nicht zwingen, sich ihr zu öffnen. Die Liebe kann warten. Und so hängt alles von Gott ab, aber ohne uns geht es nicht! Sirach fordert uns auf, wenn wir Gottes Spuren in unserem Leben bemerken, uns für einen Weg mit Gott in seiner Nachfolge zu entscheiden!

---

[4] Härle: „Dogmatik"

Gott erhört Gebete

Psalms 34,5ff.

Ich wandte mich an den Herrn und er antwortete mir; er befreite mich von allen meinen Ängsten. Wenn ihr zum Herrn blickt, dann leuchtet euer Gesicht, euer Vertrauen wird nicht enttäuscht. Hier steht einer, der um Hilfe rief. Der Herr hat ihn gehört und ihn aus jeder Bedrängnis gerettet.

Psalm 63,9

Ich halte mich ganz eng an dich, Gott, und du stützt mich mit deiner starken Hand.

Ich weiß nicht, wie es Ihnen manchmal ergeht, wenn etwas passiert? Wenn ich das Gefühl habe, dass sich in meinem Leben Probleme breitmachen oder das Schicksal zuschlägt, dann fühlt sich Gott, an den ich auf der Suche nach einer Lösung für diese Probleme sofort denke, sehr weit weg an. Manchmal zweifle ich gar an ihm und denke, er würde mir diese Probleme schicken. Dann kann ich nicht glauben, dass er mich so tief liebt, wie er es im Evangelium von Jesus Christus sagt. Unser Psalmbeter, dessen Gebet (Psalm 63,9) wir oben lesen, ist anders mit seinen Problemen umgegangen. Er erinnert sich in einer schwierigen Lebenslage nicht nur an Gott, sondern wendet sich direkt, ganz persönlich, an ihn. Manchmal scheint es, als würde ich Gott zunächst suchen müssen, da ich gar nicht weiß, wo ich ihn finden kann. Ich sehe ihn ja auch nicht. Und beim Suchen macht unser Beter eine neue Erfahrung: Er hat offensichtlich das Gefühl, Gott reagiert auf sein Gebet, denn so heißt es dort: *"Ich wandte mich an den Herrn und er antwortete mir."* Stellen wir uns Folgendes vor: Ein Mensch, vielleicht ein

Leidender, schmiegt sich so in die Hand Gottes, als wolle er den Pulsschlag dessen spüren, an den er sich in seiner Not gewandt hat. Lassen Sie nun kurz dieses Bild auf Ihr Herz wirken. Schlüpfen Sie ruhig hinein in die Rolle des Betenden und genießen Sie die entstehende Stille. Gott ist hier. Jetzt. So muss Jemand sich fühlen, wenn Gott geantwortet hat. So geborgen kann man dann die Augen schließen und fühlen: "Ja, mein Gott ist für mich da." Jesus hat einen Vater, dessen Söhne und Töchter auch wir sein dürfen. So dürfen Sie sich das Wohlwollen Gottes vorstellen und damit rechnen, dass er Ihnen antwortet. Das ist tiefes Vertrauen. Sie können solch eine Erfahrung nicht "machen" und künstlich herstellen, aber Sie können sich auf die Suche machen nach Gott, bis er Ihnen antwortet. Sie suchen Gott z.B., indem Sie beten oder meditieren. Ich wünsche Ihnen und mir, dass wir Gott auf diese und viele andere Weise immer wieder erfahren. Lassen Sie uns kreativ sein! Denn, dass die Sonne scheint, das können wir nicht beeinflussen, aber wir können dafür sorgen, dass wir wach sind, und sie sehen.

Leiden gibt es, weil der Mensch frei ist

Sirach 15,11ff. (apokryph)

Sag nicht: „Gott ist schuld, dass ich Unrecht getan habe". Er veranlasst niemals etwas, das er hasst! Sag nicht: „Er selbst hat mich in die Irre geführt". Zur Ausführung seiner Pläne braucht er keine Sünder. Der Herr hasst alles, was abscheulich ist, und niemand, der ihn ernst nimmt, kann so etwas lieben. Am Anfang, als Gott den Menschen schuf, hat er ihm die Freiheit zu eigener Entscheidung gegeben.

Auslegung

Die sogenannte Theodizée-Frage gilt als das Bollwerk des Atheismus: Warum lässt der gute, barmherzige und allmächtige Gott all das Leid des Menschen zu? Eine schnelle Antwort gibt es nicht. Vor allem, wenn uns plötzlich etwas sehr Trauriges zustößt, müssen wir verstummen und sind geschockt. Gott fühlt sich sehr weit weg an. Unsere Seele wird in einen Ausnahmezustand versetzt, mit dem sie nach dem Ereignis weiterleben muss. Die Nächte sind noch dunkler als sonst schon. Es braucht Zeit, das alles zu durchleben und emotional zu verarbeiten. Auch unser Glaube wird sich verändern.

Dennoch können wir uns dieser Frage auch rational annähern, um eine Antwort zu finden. Dass Unglück und Tod passieren können, liegt an der grundsätzlichen Polarität unserer materiellen, in Zeit und Raum geschaffenen Wirklichkeit. Eine Leiter kann ein Gerät sein, das mir hilft, an hohe Gegenstände zu gelangen oder auf mich fallen und mich töten. Dass ein Vulkan, ein Erdbeben oder ein Tsunami Tausende von Toten fordern kann, liegt in der Kraft der Natur begründet und der Tatsache, dass

Menschen zur falschen Zeit am falschen Ort sind. Der Mensch ist zerbrechlich geschaffen und er besteht aus Fleisch und Blut. Deshalb kann er, wenn er diesen Naturkräften unmittelbar ausgesetzt ist, an ihrer Gewalt sterben. Dafür kann er aber auch komplexere Dinge z.B. mit seinem Gehirn tun und erfassen, als es z.B. Wasser, Feuer und Steine können. Er ist eine höhere Kategorie der Materie. In der Natur zur falschen Zeit am falschen Ort zu sein, ist eine Sache. Aber warum fügt der Mensch dem Menschen das meiste Leiden zu?

Ich glaube, der Schlüssel dieser Frage nach Gott und dem Leid, liegt in der Feststellung Sirachs, dass der Mensch frei ist. Diese Freiheit soll der Mensch zu eigenen Entscheidungen nutzen. Er kann sich in Zeit und Raum und der Polarität seiner Wirklichkeit für gute oder böse Taten entscheiden. Offensichtlich ist die Allmacht Gottes in diesem Schöpfungsbereich, den wir unsere Erde nennen, durch genau diese unsere Fähigkeit der freien Handlungsentscheidung eingeschränkt. Wir handeln, wie wir wollen. Und Gott schaut zu oder ist selbst von unseren Handlungen betroffen, weil er ja Teil des Ganzen ist. Wenn man Gott nicht ganz aus dem Handlungsbereich heraus nehmen möchte, könnte man theologisch sagen, Gott wirkt in die Welt der freien Menschen hinein. Aber kann Gott in die freien Handlungen des Menschen so eingreifen und sie so korrigieren wie ein Mensch es kann? Ein Mensch kann einen anderen Menschen töten, ohne dass es jemand verhindert, es sei denn wiederum ein Mensch, der den Mordplan vereitelt. Allzu oft hat dieses aber keinen Erfolg. Das scheint der hohe Preis für unsere wertvolle Freiheit zu sein. Der Mensch soll nach Sirach dann aber zu seinen bösen Handlungen stehen und sie nicht Gott in die Schuhe schieben. Nazideutschland hatte z.B. so viel menschenverachtende Handlungsmacht, weil viele Menschen bereit waren, völkermordend zu handeln, so dass wiederum viele Millionen Menschen dadurch im Krieg und im

Konzentrationslager qualvoll starben. Das Leid ist durch Menschenhand verursacht worden, nicht durch Gott! Und wiederum erst das beherzte Eingreifen der Alliierten, also freiheitsliebenden Menschen, brachte die Handlungswende und ein Ende des Grauens. An welchen Stellen hat Gott gewirkt? Es ist deshalb irreführend, zu fragen, warum Gott das Leid zulässt. Die Antwort ist: Weil wir frei sind! Es bringt mehr Erkenntnis, zu fragen, wozu er es zulässt? Vielleicht weil er immer noch zu unserer Freiheit steht und sich wünscht, dass wir aus Leiden lernen, es zu vermeiden. Wir sollen unser Handeln für gute und heilsame Ziele einsetzen. Solange wir das nicht tun, gibt es Böses. Und die Existenz der Menschen, ihre Freiheit und die Existenz des Bösen unter der Sonne, wird es solange geben, bis genau diese Sonne nicht mehr scheint. Dann erlischt alles Leben auf unserem Planeten und damit auch die Menschheit, wie wir sie kennen. Wir können hoffen, dass sie bis dahin gelernt hat, ihre Freiheit zunehmend für das Heilsame einzusetzen.

Gottes Fürsorge

Jesaja 58,11

Der Herr wird dich immerdar führen und dich sättigen in der Dürre.

Auslegung

Die Bibel ist voll von solchen Zusagen, Beruhigungen und Mut machenden Aussagen. Warum? Ich glaube, weil wir Menschen es immer wieder vergessen, dass da einer ist, der sich um uns kümmern möchte. Wir erleben immer wieder schwierige Zeiten, in denen sich unser Weg vernebelt, oder durch eine Zeit der inneren Wüste führt, in der uns angst und bange wird, weil wir nicht wissen, was aus uns wird und wo es mit uns langgeht. Das kann eine Zeit der beruflichen Umorientierung sein, aber auch eine Krankheitszeit, eine Krise in der Partnerschaft, Sorgen um die Kinder oder die alten Eltern oder wenn wir jemanden verloren haben, der uns nahe stand. Wann würden Sie eine innere Wüste erleben? Wodurch sind Sie verletzlich und drohen zu zerbrechen? Immer und immer wieder will Gott uns daran erinnern, dass er sich für uns verantwortlich fühlt: *"Der Herr wird dich immerdar führen und dich sättigen in der Dürre."* Das wird Ihnen heute zugesprochen, wenn Sie wieder einmal denken, es geht nicht weiter mit Ihnen: Der Herr wird Sie führen! Ebenso wird er sich um Ihre spirituelle Versorgung kümmern - gerade in der Dürre, wo Sie meinen, dass da nichts für Ihre Seele vorhanden ist. Vielleicht verbieten Sie sich selbst geradezu das Gute und weigern sich, sich selbst auch mal wieder etwas Gutes zu gönnen? Ich glaube, wenn wir denken und fühlen, dass unser Weg ungewiss wird und sich der seelische Hunger einstellt, also ein Mangel an Lebensfreude, dann dürfen wir nicht „liegen" bleiben und aufgeben. Wir sollen so gut wie möglich weitergehen, wenn auch ins Ungewisse, aber irgendwie den nächsten Tag erreichen - warum? Weil einer, der sich wenigstens ein wenig bewegt, besser geführt werden kann, als einer, der sich aufgegeben hat und wie ein nasser Sack daliegt. Haben Sie schon einmal jemanden aufgehoben und versucht, ihn auf seine Füße zu stellen, obwohl er das nicht will? Es ist eigentlich unmöglich - auch für Gott, der uns ja auch nicht zwingen kann, zu gehen. Denn sein Wesen ist Liebe. So lasst uns nicht müde werden, dem Unmöglichen, dem Wundersamen zu vertrauen und wenigstens stehen zu bleiben. Haben wir nicht hier und da schon mal gehört, dass, wenn eine Tür vor unserer Nase zugeht, sich ein Fenster öffnet? Denn "Der Herr wird dich immerdar führen und dich sättigen in der Dürre." Glauben Sie ihm nur, bewegen Sie sich und es wird geschehen.

Gebet als Suchen und Anklopfen

Matthäusevangelium 7,7f.

Jesus spricht: „Bittet, so wird euch gegeben, suchet, so werdet ihr finden, klopfet an, so wird euch aufgetan. Denn wer da bittet, der empfängt; und wer da sucht, der findet; und wer da anklopft, dem wird aufgetan."

Auslegung

Hier lesen wir eine sehr große Verheißung, die uns Jesus auf unseren Glaubensweg mitgeben möchte. Besonders in Zeiten, in denen uns unser ganzes Leben oder ein großer Teil unseres Lebens unklar und fraglich erscheint, zweifeln wir oft daran, dass uns etwas gegeben werden könnte oder wir das finden, was wir suchen. Wir fühlen uns dann eher zwischen den Zeiten, oft zwischen zwei Stühlen. Vieles bleibt in unserem Gefühlsleben und in unserem Alltag unklar. Jesus würde es so ausdrücken: Sie befinden sich noch in einer verheißenen Lebenssituation und vor deren tatsächlicher Erfüllung in Ihrem Alltag. Jesus weiß auch, dass Sie, Menschenkind, dann dazu neigen, überhastet Entscheidungen für oder gegen etwas zu fällen. Sind aber schnelle, überhastete Entscheidungen ratsam? Eine Alternative ist es, einmal in der Unwissenheit zu verharren. Es wäre gut, wenn Sie die Spannung des "noch nicht Wissens" und "noch nicht Sehens" und "noch nicht Erfahrens" aushalten könnten. Dazu brauchen Sie allerdings Vertrauen! Gott wünscht sich nichts sehnlicher von Ihnen, als dass Sie ihm nun vertrauen und trotzdem weitergehen, ohne Ihre Bitte oder Ihre Frage ganz zu vergessen. Vergessen Sie nicht, dass Gott Sie sehr charmant findet: Sie sind sein Kind: Seien Sie hartnäckig – halten Sie fest an Ihren Bitten und Fragen. Solche Gebetszeiten sind auch immer Zeiten des Zweifels. Dennoch hat Jesus Ihnen gesagt, dass der Vater im Himmel Ihnen antworten will und Ihnen eine Tür öffnen will. Wie tut er das? Er antwortet sicher nicht übersinnlich mit Blitz und Donner vom Himmel. Wenn Sie es schaffen, die Spannungszeit des „Nichtwissens" auszuhalten, dann müssen Sie daran denken, dass eine Antwort Gottes nicht auf dem „Tablett" gereicht wird, sondern eine Antwort Gottes die Eigenart hat, in Ihrem Alltag herauszuwachsen. Es ist ein Prozess, an dem Sie selbst beteiligt sein werden. Die werden denken, dass es auch ohne Gebet so gekommen wäre, denn so natürlich antwortet Gott in Ihr Leben hinein. Seine Antwort kann sogar mehr oder weniger beinhalten, als Ihre Bitte meinte. Für Gottes Antwort ist auf alle Fälle Zeit nötig, um sein Wirken im Alltag wahrzunehmen. Am Ehesten können Sie im Rückblick sehen, wie Gott mit Ihnen geredet hat - dann sehen Sie den Weg deutlich hinter sich, den er mit Ihnen schon gegangen ist. Sie selbst sind dabei ein Teil des Geschehens. Sie sind ein Teil seiner Antwort. Niemals werden Sie Gott bei seiner Antwort objektiv beobachten können. Was aber ist, wenn es total schief geht und Sie das Gefühl haben, dass Ihnen nicht gegeben wurde. Sie nicht gefunden haben und Ihnen nicht aufgetan worden ist? Wenn Sie also erfahren, dass Gott Ihnen nicht so geantwortet hat, wie Sie es sich vorgestellt haben oder dass er gar nicht geantwortet hat. Dann denken Sie daran, dass Sie ihn gebeten haben. Eine Bitte ist kein Befehl! Der Gebetene kann jederzeit die Erfüllung der Bitte ablehnen, vielleicht weil er weiser ist, als Sie und es besser so für Sie und Ihr Leben ist. Dann vertrauen Sie ihm dennoch. Er wird den Sinn schon wissen. Deswegen sollte jedes unserer Gebete mit der dritten Bitte des „Vater unser" enden: "Dein Wille geschehe" oder wie Jesus es ausdrückte, als er im Garten Gethsemane darum gebeten hatte, nicht am Kreuz sterben zu müssen: "Vater, nicht mein Wille, sondern Dein Wille geschehe". Und er als Sohn Gottes starb am Kreuz, weil es für den Plan Gottes wichtiger war und auch für uns. Sind wir mehr als Jesus, unser Meister?

Die Welt verwechselt Freundlichkeit mit Dummheit

Sirach 18,17 (apokryph)

Ja, ein Wort ist oft wichtiger als eine große Gabe und ein freundlicher Mensch gibt sie beide.

Auslegung

Elisabeth Kübler-Ross hat einmal behauptet, dass man dem Menschen, vor dem man die größte „emotionale Angst" hat, weil die Beziehung ungeklärt und schwierig ist, statt diese Probleme zu lösen, zu Weihnachten das größte Geschenk macht.[5] Ich weiß nicht, ob diese Theorie stimmt, aber dass es „Größeres" und Wertvolleres gibt, als teure materielle Geschenke, glaube ich sofort. Sirach meint, dass es manchmal wichtiger ist, ein passendes Wort zu sagen, eine heilsame Geste zu machen oder eine positiv wirkende Haltung einzunehmen, als etwas Materielles, eine Gabe, bereit zu halten. Nach C. R. Rogers[6] sind es Einfühlungsvermögen, Akzeptanz und Echtheit, die einem Gesprächspartner so gut tun, dass er darunter in seiner Seele heilt. Einfühlungsvermögen, auch Mitgefühl oder Empathie genannt, zeigt dem Gegenüber, dass ich ihn emotional nachvollziehen kann. Akzeptanz verurteilt das Gegenüber nicht vorschnell, sondern nimmt den Mitmenschen von Herzen an, auch wenn er falsch gehandelt hat. Durch die Echtheit zeige ich dem Anderen, dass es mir wirklich ernst mit ihm ist. Ich spiele ihm keine Emotionen vor, wenn ich sie nicht empfinde. Wenn ich ihm meine Präsenz schenke, dann ist sie echt. Ich tue nichts, nur weil ich denke, ich müsste es tun. Wenn ich gerade Schwierigkeiten habe, den Erzählungen des Anderen zu folgen, dann sage ich ihm das. Denn er merkt es sowieso. Auf diese Weise hat Rogers uns gezeigt, wie man warme und erfüllende Beziehungen

[5] Elisabeth Kübler-Ross: „Über den Tod und das Leben danach"
[6] Carl Ransom Rogers: „Eine Theorie der Psychotherapie"

führt. Diese Beziehungsgrundgesetze gelten nicht nur für therapeutische oder seelsorgliche Begegnungen, sondern auch für unsere Freundschaften. Sirach empfiehlt diese Beziehungsfähigkeit des guten Wortes mit dem Geschenk zu verbinden. Das bildet dann die göttliche Gabe der Freundlichkeit. In ihr steckt ja auch dann das Wort Freund. Mit ihr gewinnt man Freunde. Manche Menschen allerdings, die diese Begabung der Freundschaft nicht würdigen, weil sie in ihrem Stolz meinen, sich etwas zu verschenken, verwechseln oft Freundlichkeit mit Dummheit. Sie halten einen freundlichen Menschen, der diese Begabung fröhlich und schenkend lebt, für naiv und leicht manipulierbar. Ich halte dennoch diese echte Freundlichkeit, die Freundschaften begründet, für eine so wertvolle Gabe, dass sie verteidigt werden sollte. Wir lassen Menschen einfach links liegen, die nicht wissen, dass gottgegebene Freundschaft auf Gegenseitigkeit und Augenhöhe basiert. So warten wir auf eine neue Gelegenheit, unsere Freundlichkeit zu zeigen und lassen uns vom Leben mit neuen Freundschaften beschenken.

Vom Weinen und vom Lachen

Prediger 7,3f.

Weinen ist besser als Lachen. Ein trauriges Gesicht ist ein Zeichen für reiche Lebenserfahrung. Der Narr geht am liebsten dorthin, wo es lustig zugeht; der Weise geht lieber in ein Trauerhaus.

Auslegung

Ich bin kein Kind von Traurigkeit und zum Lachen gehe ich nicht in den Keller, aber ich möchte einmal darauf hinweisen, dass es noch nie so viel Comedy gab, wie aktuell. Auch gab es noch nie so viele Hospize wie in unserer Zeit. Das sind Orte, an denen kranke Menschen jeden Alters, ihre letzten Tage so verbringen, wie sie es wünschen. In Kinderhospizen wird sicher auch gelacht, wenn es passt. Ich möchte das Weinen, das „Traurig sein" mit dieser Bibelstelle ein wenig unterstützen und stärker machen, als unsere Gesellschaft es im Prozess des Verdrängens tut. Ich glaube, hinter einem gewissen Lachen steckt eigentlich tiefe Traurigkeit. Der Lachende müsste eigentlich schluchzend weinen, bekommt aber keinen Zugang zu diesem Schluchzen. Ich denke an die Melancholie der Clowns im Zirkus, die durch das Lachen nur überspielt werden soll, denn eigentlich ist der Clown traurig. Wie viele von uns vollziehen dieses Schauspiel jeden Tag in den Büros und anderen Arbeitsstellen. Wiederum kann gerade an diesen Orten ein Lachen mit guten netten Kollegen wie eine Medizin sein, wie der Volksmund sagt. All das möchte ich nicht schmälern. Unser Bibeltext sieht das aber sehr viel strenger. Was lernen wir in einer Veranstaltung, in der wir zum Lachen gebracht werden und was lernen wir z.B. in einem Hospiz? Nach Sirach geht der Narr, der vom Leben nichts Tieferes als Spaß erwartet, ausschließlich dorthin, wo gelacht wird, wo es lustig ist, wo er gesellig sein kann, heitere Stimmung herrscht und alle Trauerklöße weit weg sind. Der Weise aber, der in seiner Lebenszeit, die er als begrenzt begreift, in seiner Seele wachsen will, der geht dorthin, wo er sich seiner eigenen Traurigkeit bewusst wird, um sie dann in sich verbrennend und fühlend zu verarbeiten. So geht er durch sie hindurch. Übrigens kann positive Traurigkeit oder Melancholie ein Gefühl sein, das Lebenskraft gibt und nicht nimmt. Nach meiner Zeit als Schulpfarrer habe ich den großen Wunsch, als Seelsorger in einem Hospiz, vielleicht sogar in einem Kinderhospiz, zu arbeiten. Ich habe mich gefragt, warum ich an diesem zutiefst ernsten Ort mit sterbenden Kindern arbeiten möchte und fand eine Antwort: ich möchte von den Sterbenden mein eigenes Altern und mein eigenes Sterben lernen. Ich schätze mich im Bereich des Loslassens als einen sehr lausig begabten Menschen ein, der allzu oft auch gerne das Heitere, Leichte und Oberflächliche sucht. Vielleicht, weil ich, als ich 14 Jahre alt war, meinen Vater verlor. Vielleicht gleicht sich letztlich alles aus: Der Traurige lernt das Lachen wieder und der Lachende kann das Trauern neu wagen.

Im Anfang liegen Segen und Fluch

Lukasevangelium 16,10

Jesus: „Wer in kleinen Dingen zuverlässig ist, wird es auch in Großen sein, und wer in Kleinen unzuverlässig ist, ist es auch in Großen."

Auslegung

Wir alle fangen klein an. Wir wachsen bei unseren Eltern auf, lernen Laufen, Greifen und das eigenständige Essen, bis wir dann zu Hause ausziehen und ein eigenes Leben beginnen. Dann steht uns die Welt offen, viele Wege sind für uns möglich, besonders in unserer Phantasie. Aber dann naht die Realität. Wir müssen uns mehr und mehr für einen Weg entscheiden, sei es eine bestimmte Ausbildung, eine Partnerin oder Partner, ein Studium oder eine Stadt, in der wir wohnen. Es naht der Alltag. Wer bis dahin im „Hotel Mama" gewohnt hat, hat es nicht anders gelernt, dass Vieles für ihn getan wurde. Vielleicht kann man sagen, es ist zu einer gewissen Verwöhnung gekommen. Jetzt plötzlich, müssen wir uns selbst versorgen. Die Dinge des Alltags z.B. finde ich in dem von Jesus erwähnten „Kleinen" angedeutet. Können wir kochen? Die ersten Amtsgänge drohen, die ersten Prüfungen warten aufs Bestehen. Ich glaube, bei solchen ersten Herausforderungen des eigenen Lebens ist es von Vorteil, wenn man gerade in diesen lästigen kleinen Wirklichkeiten zuverlässig sein kann. Lehrjahre sind keine Herrenjahre. Kann ein Mensch diese Lebensphase als „kleines Licht" aushalten und ausfüllen? Ich nenne es die Einstellung der Demut, die dabei helfen könnte. Lateinisch nennt man Demut Humilitas. Darin findet man den Wortstamm von „Humus", Erde oder „human", menschlich. Der Mensch besteht nicht nur biblisch, sondern auch chemisch aus Erde. Der Demütige ist sich eben nicht zu schade, menschlich zu sein. Menschlich macht uns unsere manchmal empfundene Ohnmacht, unser Schwachsein, unsere Verletzlichkeit. Sonst wären wir nicht aus Erde, sondern göttlich. Man ist sich in der Haltung der Demut nicht zu schade, sich selbst Mutter und Vater zu werden, menschliche Diener, Helden des Alltags zu sein. Man kocht für sich selbst und ermahnt sich selbst zum Lernen. Schließlich ist es das eigene Leben, das man zunehmend spürt, bewältigen zu müssen. Das ist jetzt der eigene Weg, so fern des früheren zu Hause, fern von Papa und Mama. Wer von Anfang an hoch hinaus will und sich für das Wenige, das man als junger Mensch zunächst schafft und vermag, zu schade ist, der steht sich mit seinem Stolz, etwas „Besseres" zu verdienen, selbst im Weg. Einer, der meint, Besseres zu verdienen, denkt nämlich, nicht für sich selbst sorgen zu müssen. Er bringt nicht den Müll runter. Ein solcher Mensch kann auch eine Prüfung nicht wiederholen oder „gerade so" nur bestehen. Wenn es nicht das beste Ergebnis wird, ist es unter seiner Würde, es kränkt zu sehr. Demut ist aber kein Schimpfwort, sondern ein Schlüsselwort für Erfolg. Und damit sind wir auf dem Weg zu den großen Dingen und Herausforderungen des Lebens. Denn im Umgang mit dem Kleinen erkennt man wie jemand mit Größerem umgeht. Auch im Anfang (das Kleine) erkennt man den weiteren Verlauf (das Größere). Wie waren Sie im Kleinen? Ist es Ihnen lästig, Dinge zu tun, die niemand sieht und niemand hochtrabend lobt und würdigt? Sind Sie schnell gelangweilt vom Alltag? Wie waren Sie als Auszubildender oder Student? Im Anfang von allem erkennt man schon, wie es weiter geht oder eben ausgeht. Anfängliche grundsätzliche Probleme in einer Beziehung z.B. werden sich allein mit der Zeit nicht ändern. Man kann den Anderen in seinen grundsätzlichen Gewohnheiten und Eigenheiten nicht einfach ändern. Entweder man kann ihn oder sie so lieben wie er oder sie ist, oder eben nicht. Einen Mann, den man in der Kneipe rauchend, trinkend und Fußball schauend kennenlernt, den wird man nur ausnahmsweise zum

Yogaliebhaber machen, der zukünftig kein Interesse mehr an Fußball hat. Ein Mann hat in der Regel ein Sixpack, weil er der Typ (für Dauerbauchtraining und diszipliniertem Essverhalten) ist oder eben nicht, eine Frau hat (veranlagungsweise) Cellulite oder naturgegeben eben nicht. Nur die Werbung gaukelt einem vor, dass man das ändern kann! Man kann den Anderen nicht einfach verzaubern. Oder eine Frau, die einen bestimmten Kleidungsstil hat, umerziehen zu wollen, damit sie nur noch Klamotten nach dem Geschmack des Partners trägt, ist zum Glück zum Scheitern verurteilt. Entweder, wir lieben einander, wie wir sind (im Kleinen und von Anfang an) oder wir lassen es eben und erleben nicht das gemeinsame (größere) Leben. Niemand sollte sich für den Anderen verbiegen! Wer eben im Kleinen nicht dienen kann, kann auch nicht herrschen. Den Verdienst, also das, was wir verdienen, also das Geld, mit dem man den Lebensunterhalt sichert, bekommt man nämlich dafür, dass man anderen dient. Entweder stellt man etwas zum Gebrauch für die Gemeinschaft her oder man bietet eine Dienstleistung an, die dem anderen dient und ihn gegen Bezahlung versorgt. Nach Lk 19,17 gilt ein Zusammenhang zwischen Dienen in Demut und dem persönlichen Erfolg: *„'Sehr gut', sagte sein Herr, 'du bist ein tüchtiger Diener. Weil du in so kleinen Dingen zuverlässig warst, mache ich dich zum Herrn über zehn Städte.'"* So wünsche ich uns, dass wir uns immer wieder im Kleinen des Alltags demütig bewähren, damit uns auch große Dinge, wie z.B. eine besondere Aufgabe oder Position im Beruf anvertraut wird. Wie schön ist es z.B., wenn uns unser Partner so stark vertraut, dass er mit uns gemeinsam Eltern werden möchte. Und wenn es solche Erfahrungen nicht sind: Demut ist die Eigenschaft, auch zu kleinsten Dingen des Alltags heraufzuschauen.

Nicht nachtragend sein

Sirach 8,6 (apokryph)

Halte dem nicht seine Sünde vor, der sich bessert und denke daran, dass wir alle auch Schuld tragen.

Auslegung

Welcher Typ Beziehungsmensch sind Sie? Gehen Sie mit uneingeschränkter Offenheit auf Menschen zu und fassen sofort Vertrauen? Sind Sie von einer angenehmen Naivität beseelt, die zunächst einmal das Gute im Menschen sieht? Kennen Sie blindes Vertrauen? Welche Erfahrungen haben Sie damit in Ihren Beziehungen gesammelt: gehören Enttäuschungen dazu und Sie glauben unerschütterlich an das Gute im Menschen. Oder werden Sie durch jede Verletzung ein wenig verschlossener und vorsichtiger? Ist Ihr Verzeihen immer an Bedingungen geknüpft? Oder sind Sie sofort wieder nachsichtig mit Ihrem Gegenüber und gehen über irritierende Beziehungsstörungen gerne hinweg? Vielleicht sind Sie aber auch eher nachtragend und halten dem Anderen bei aktuellen Streitigkeiten auch die Verletzungen früherer Auseinandersetzungen und Verfehlungen vor. Sirach gibt uns zwei gute Tipps für die gelingende Gestaltung einer Beziehung.

Erstens: Er weist die naiven Naturen unter uns darauf hin, auch zu beachten, ob der Andere nach einer Auseinandersetzung mit uns in Bewegung gerät. Er warnt dann davor, weiterhin nachtragend zu sein. Wenn man spürt, dass der Andere zumindest versucht, es sich zu Herzen zu nehmen, was in seinem Verhalten falsch war, sollten wir verzeihen. Damit schließt er aus, dem Anderen immer einen Blankocheck auszustellen und ihm immer sofort zu verzeihen. Es ist wichtig, dass es in einer Auseinandersetzung einen Fortschritt gibt und wir nicht jahrelang über die ewig gleichen und unveränderten Streitpunkte Energie verlieren. Aber das betrifft nicht nur immer den Anderen!

Zweitens: Sirach fordert uns selbst auf, daran zu denken, dass auch wir nicht unfehlbar sind und die innere Bewegung, die wir so gerne bei anderen sehen, auch selbst an den Tag legen sollten. Wir selbst sind fehlbar und müssen uns auch bewegen. Das Vertrauen des Anderen muss man sich erarbeiten. Es ist nicht selbstverständlich vorhanden. Mein Gegenüber muss erst einige gute Erfahrungen mit mir sammeln, dann wächst sein Vertrauen in mich und meine Verlässlichkeit. Außer der Gnade Gottes ist im Leben nichts umsonst!

Ein Mensch wie ein Baum

Psalm 1,2f.

Wie glücklich ist, wer Freude findet an den Weisungen Gottes, wer Tag und Nacht in seinem Gesetz liest und darüber nachdenkt. Der gleicht einem Baum, der am Wasser steht; Jahr für Jahr trägt er Frucht, sein Laub bleibt grün und frisch. Ein solcher Mensch hat Erfolg bei allem, was er unternimmt.

Auslegung

Der Psalm entwickelt vor unserem inneren Auge ein Bild, das den Weg eines Menschen und seine Wahrnehmung vom Leben ausdrückt. Der Baum ist meines Erachtens ein passendes Symbol für den Menschen. Beide verbindet einiges: denken Sie an die Lebensringe. Der Baum altert und zeigt das durch sie. Der Mensch bekommt Augenringe und Hüftringe, und wie oft sagen wir, jemand sei „stark wie ein Baum". Und wie viele „Säue" haben sich auch schon an Ihnen gerieben, das heißt, sich mit Ihnen streiten wollen? Wie viele Äste sind Ihnen schon abgerissen worden, das meint Ihre inneren Verletzungen? Wenn wir über die Weisungen und das Gesetz Gottes nachdenken sollen, wie das Psalmwort empfiehlt, denke ich nicht nur an die alttestamentlichen Gesetze, die bindend für die jüdische Religion sind, sondern verstehe diese Aufforderung etwas breiter. Ich denke dabei an all das, was die geistige Welt Gottes angeht. Wenn ich über Gott und sein Wesen, sein Wirken und spirituelle Zusammenhänge nachdenke, dann hat das auch eine spirituelle Wirkung auf uns. Es betrifft dann auch die Zusammenhänge des Lebens, die wir nachsinnend versuchen dürfen zu ergreifen. Wir beschäftigen uns mit Glauben, Vertrauen und der Liebe Gottes. Auf dieser Tätigkeit liegt eine schöne Verheißung. Solche Menschen geraten nicht in die Sackgasse, sie werden geistlich niemals vertrocknen, weil sie sich an eine Quelle begeben haben, die sie fortwährend mit neuen Ideen, starker Energie und helfenden Mitmenschen versorgt. Solche spirituell offenen Menschen sind wie ein Baum, der am Wasser gepflanzt ist. Ich glaube, wir Menschen haben einen verborgenen spirituellen Zugang zu dieser Quelle. Nicht die Quelle wird versiegen, sondern unser Zugang zur Quelle wird manchmal übersehen, unterbrochen, verstopft oder nicht gepflegt. Das geschieht meist in Krisenzeiten. Als würden wir uns dann selber in Selbstaggressionen den Hahn abdrehen, so als wollten wir uns vor Wut beweisen, dass es Gott nicht gibt. Dann wachsen Zweifel und Finsternis in unserer Seele. Finden wir wieder Zugang zu unserem inneren Anschluss an Gott, blühen wir wieder auf. So sind Energiekrisen oder Trauerkrisen auch spirituelle Krisen und wir entscheiden, ob wir uns selbst wert genug sind, dass wir uns den Zugang zur Quelle bewahren oder sie abklemmen. Auf alle Fälle wünscht Gott sich jederzeit, unsere nie versiegende Quelle zu sein, damit wir oft blühen und Früchte tragen.

Fasten und Geben ist attraktiv

Matthäus 6,16

Jesus: „Wenn ihr fastet, sollt ihr nicht sauer drein sehen wie die Heuchler, denn sie verstellen ihr Gesicht, um sich vor den Leuten zu zeigen mit ihrem Fasten."

2. Korintherbrief 9.7

Paulus: "Ein jeder gebe, wie er's sich im Herzen vorgenommen hat, nicht mit Unwillen oder aus Zwang; denn einen fröhlichen Geber hat Gott lieb."

Für mich stehen fasten und geben, bzw. spenden in einem gewissen Zusammenhang, aber sie unterscheiden sich auch entscheidend voneinander. Beim Fasten verzichte ich bewusst auf etwas, gebe etwas auf, und versuche mich Gott zugleich mehr hinzugeben. Wir verzichten auf etwas, um unsere Aufmerksamkeit besser auf Gott ausrichten zu können. Beim Spenden geben wir direkt etwas Materielles weiter oder helfen jemandem bewusst aus und schenken ihm unsere Zeit oder tun ihm einen Gefallen.

Zu Karneval, Fasching und Fassenacht feiern viele Menschen ausgiebig und alles, was es mitzunehmen gibt, wird mitgenommen: Essen, Trinken, Frauen, Männer, Alkohol usw. Und danach? Am Aschermittwoch ist alles vorbei! Dann beginnt die Passionszeit. Eigentlich ist dies eine Zeit, die auch Fastenzeit heißt. Es ist eine Zeit, in der die Genüsse wieder begrenzt werden sollten. Im Mittelalter haben die meisten Menschen sich auch noch daran gehalten: vor Aschermittwoch noch mal ausgiebig feiern und dann nach Aschermittwoch fasten, z.B. sieben Wochen auf Fleisch verzichten, oder auf Süßigkeiten. Aber schon in den Wochen vor Ostern sind die Supermärkte voll mit Schokohasen und Schokoeiern jeder Art. Was tun wir? Fasten Sie? Faste ich? Es bleibt heute zum Glück jedem selbst überlassen, ob er 7 Wochen auf etwas Liebgewonnenes freiwillig verzichtet. Einen kirchlichen Zwang zum Fasten gibt es zum Glück nicht (mehr)! Niemand wird schief angeschaut, wenn er in dieser Besinnungszeit vor Ostern doch noch Fleisch isst. Und das finde ich an sich auch gut so! Es gibt aus meiner Sicht lediglich eines zu beachten, wenn man sich für ein Fasten, also Verzichten einer oder zweier sonst geschätzter Gewohnheiten entscheidet: Die Motivation für das Fasten sollte nicht Berechnung sein. Wie oben von Jesus hervorgehoben, soll man sich als Fastender nicht über andere Nichtfastende stellen und diese innere Überlegenheit mit einem sauren, leidenden Gesichtsausdruck vor den Anderen zur Schau stellen. Und auch Zwang stellt keine gesegnete Grundlage für eine Entscheidung, zu fasten, dar. Nach dem Motto: in meiner Familie war das mit dem Fasten schon immer so, und ich muss das jetzt auch so handhaben, obwohl ich es eigentlich selbst nicht wirklich will! Vielleicht treibt einen anderen die Angst, sonst bestraft zu werden, wenn er weiter genießt, was sich ihm bietet? Ich glaube, ein Verzichten, das von Heucheln, Angeben, und durch Zwang und schlechtes Gewissen motiviert ist, ist von Gott her nicht gewollt und nicht gesegnet.

Paulus vermittelt uns, worauf es Gott ankommt, wenn wir für andere etwas geben, ihnen also ein Geschenk oder eine Freude damit machen. Jeder gebe das, was er geplant hat. Das soll er aber nicht mit Widerwillen, also z.B. aus Zwang tun, auch nicht mit Unwillen, sondern aus Freude. Um zu erklären, was Paulus meint, lassen Sie mich kurz ausholen. Kennen Sie das? Sie bitten Jemanden um einen Gefallen. Derjenige zögert kurz, stimmt aber zu und erklärt sich bereit, Ihnen den Gefallen zu tun. Aber während er Ihnen den Gefallen tut, zieht er zunehmend ein so negatives und gequältes Gesicht, so dass Sie spüren und bemerken, wie er Ihnen den Gefallen nicht wirklich aus freien Stücken gerne tut. Das haben Sie natürlich nicht gewollt und Sie fühlen sich schuldig und das schlechte Gewissen packt Sie, weil der Andere nun für Sie leidet. Da bleibt ein bitterer Nachgeschmack. Und auch Gott will nicht, dass wir etwas tun, weil wir meinen, es tun zu müssen oder weil wir denken, sonst drohe die Strafe des Anderen oder der Unwille Gottes. Nein! Zumindest Gott und hoffentlich auch unser Gegenüber hält unser "Nein" aus und wartet solange, bis wir gerne etwas von dem abgeben, was wir haben, denn einen frohen Geber mag Gott besonders.

Nur den nächsten Schritt gehen

1. Samuel 10,7

Tu, was dir vor die Hände kommt, denn Gott ist mit dir.

Epheser 2,10

Paulus: „Denn wir sind Gottes Werk, geschaffen in Christus Jesus zu guten Werken, die Gott zuvor bereitet hat, dass wir darin wandeln sollen."

Was sollen wir mit unserem Leben eigentlich anfangen? Wer sagt uns, was wir tun sollen, wann wir es tun sollen und ob wir es überhaupt tun sollen oder für wen wir es dann tun sollen? Woher bekommt unser Alltag seine Struktur, woher dürfen wir wissen, ob wir auf dem rechten Weg unterwegs sind? Haben Sie auch große Träume für Ihr Leben? Was wird aus Ihren großen Visionen? Was können wir tun, um die großen Ziele zu erreichen? Und wenn wir keine großen Visionen haben, dann sicher mittelfristige. Aber was an konkreten Schritten sollen wir tun, um dazu beizutragen, diese zu erreichen? Und was, wenn ich bisher ganz falsch gehandelt habe? Vielleicht habe ich schon den Zeitpunkt verpasst, an dem alles Entscheidende hätte getan werden müssen, damit ich an mein Ziel komme? Mein Tagesablauf ist doch viel zu begrenzt. Meine Kraft ist so gering, ich fühle mich eher als Spielball anderer gestaltender Kräfte, als dass ich etwas Entscheidendes bewegen könnte. Wie nur erkenne ich, endlich etwas Entscheidendes für mein Ziel oder meine Vision zu tun? Ich fühle mich schon ganz unruhig, die Zeit läuft mir davon, vielleicht ist schon alles zu spät? Wer sagt mir endlich, was ich konkret tun soll? Ich habe zwei Sätze in der Bibel gefunden, die mich erstmal durchatmen ließen, die mich beruhigt haben und an denen ich erkannt habe, dass nicht ich allein das Gelingen in meiner Hand haben muss und auch gar nicht haben soll. *„Tu, was dir vor die Hände kommt."* Das meint: Mach das Nächstliegende. Das bedeutet doch, dass die wirklich wichtigen Aufgaben, die ich tun soll und kann, nicht krampfhaft von mir gefunden werden müssen, sondern sie liegen einfach vor mir! Ich brauche also nur zu warten, bis sie sichtbar werden. Dann fange ich an, mit aller Kraft und Freude an ihrer Erledigung zu arbeiten. Schön ist, dass mir auf diese Weise das „Dabeisein" Gottes versprochen wird. Ich darf mich jederzeit in seine Arme werfen und mich bei ihm ausruhen und ihn um seinen Segen bitten. Und in der anderen neutestamentlichen Stelle, im Epheserbrief 2,10, steht die Erklärung, warum das so ist. Gott ist nicht nur bei uns, wenn wir unsere guten Werke verrichten, sondern er war schon vor uns da, um diese guten Werke zuvor überhaupt erst vorzubereiten. Er schöpft diese als seine Werke, er ruft sie in seiner unsichtbaren Welt ins Leben, damit wir sie dann nur noch mit unseren bescheidenen Mitteln in unsere sichtbare Welt „heben". So gehen wir lediglich hinter Gott her und sehen, was er auf uns zukommen lässt. Wir vollenden, was er zuvor entstehen ließ: das ist unser Beitrag! So wird das unsichtbare Reich Gottes durch uns sichtbar und wir können dabei ganz gelassen sein und einfach hinter Gott hergehen und immer nur das Nächstliegende tun, denn das Wenige, das Sie tun, ist schon sehr viel.

Der Fluch des Anhaftens

Lukasevangelium 9,62

Jesus: „Wer seine Hand an den Pflug legt und sieht zurück, der ist nicht geschickt für das Reich Gottes."

Auslegung

Wenn ich an die Zeit meiner bäuerlichen Vorfahren denke, muss es eine der schwereren Tätigkeit gewesen sein, den Acker nach der Kornernte noch mit von Pferden gezogenen Pflügen bearbeiten zu müssen, um sie neu zu bestellen. Ich stelle es mir als sehr kraftaufwendig vor, die Pferde in ihrem Bewegungsdrang zu führen und zu kontrollieren und zugleich den Pflug so zu halten, dass er sinnvoll und geordnet den harten Boden aufbricht. Er sollte sich nicht kreuz und quer durch die Erde graben. Der Bauer muss sich genau auf die Koordinierung dieser Bewegungsabläufe fokussieren, sonst wird das nichts. Wenn er voller Sorge dauernd zurückschaut, zerstreut er seine Aufmerksamkeit und die Aufgabe misslingt, weil entweder der Pflug dauernd aus der Spur bricht, die Pferde zu langsam oder zu schnell werden oder er selbst vielleicht ins Stolpern gerät. Der Bauer muss bei den Pferden, dem Pflug und seinem Weg im hier und jetzt sein. Er darf weder zurückschauen, noch ganz weit nach vorn. Das hinter ihm Liegende muss er unbeachtet hinter sich lassen und was weit vorne kommt, hat ihn noch nicht zu interessieren. Vielleicht könnte das auch ein Bild für unseren Lebensweg sein. Wir müssen uns im Augenblick fokussieren und dürfen uns nicht im rückwärtsgewandten Blick im ständigen Betrauern dessen, dass da etwas zu Ende ist, aufhalten. Auch hat uns nicht zu interessieren, was in ferner Zukunft in unserem Leben auf uns zukommen wird. Denn, und das ist die Begründung Jesu: Das Reich Gottes braucht Menschen, die im Hier und Jetzt leben. Denn Gott ist nur im jetzigen Augenblick existent und wirksam. Ich möchte Jesus verteidigen und seine Schärfe, mit der er hier im Lukasevangelium spricht, damit erklären, dass wir ihm sehr am Herzen liegen. Er möchte uns warnen, nicht ewig Gestrige zu sein, die denken, dass in der Welt nur „früher" alles in Ordnung oder besser war. Er möchte auch nicht, dass wir in unserem Leben voller Sorgen und Angst ewig auf übermorgen schielen und uns deshalb nicht trauen, im Augenblick auch etwas zu wagen. Er möchte, dass wir uns immer wieder achtsam auf das Hier und Jetzt fokussieren, um Gott und seine Kraft in jedem Augenblick tief in uns aufzunehmen. Dann sind wir Teil des großen Abenteuers, das Jesus das Reich Gottes nennt.

Von Gott geführt

Sprüche 16,9

Des Menschen Herz erdenkt sich seinen Weg; aber der Herr allein lenkt seinen Schritt.

Auslegung

Ich hatte mich eines vergangenen Tages so gefreut, dass sich meine Lebenssituation einmal so deutlich entsprechend meiner eigenen Vorstellung entwickelt hatte. Fast wäre es dazu gekommen, fast wäre alles nach Plan gelaufen. Ich hatte innerlich schon gejubelt, mich gut und stark gefühlt, mich schlichtweg gefreut, nur gefreut. Wenn nicht, ja, wenn nicht ein bestimmter Mensch mir plötzlich und unerwartet einen Strich durch meine Rechnung gemacht hätte. Ich musste es mit ansehen, was er tat und konnte nicht in die Situation eingreifen. Jetzt fühle ich blanke Wut auf diesen Spielverderber. Ungerechtigkeit brennt sich in meine Seele ein, Sorgen machen sich breit. Was passiert jetzt? Bin ich der neuen Situation gewachsen? Ich fühle mich unsicher und das macht mir Angst, Zukunftsangst. Ist es Ihnen auch schon einmal so ergangen? Eine Traumblase zerplatzt. Die Realität naht und es wird kalt um Sie herum. Der Kampf beginnt von neuem. Dabei dachten Sie daran, wie schön es ist, endlich zur Ruhe kommen zu dürfen. Aus der Traum vom inneren Frieden. Und jetzt? Es ist zwar ein ganz menschliches Bedürfnis, unseren Lebensentwurf mit den eigenen Träumen in Übereinstimmung bringen zu wollen, innere Reife aber sieht ganz anders aus! Alles, was uns geschieht, ist zunächst nicht unbedingt gut oder schlecht. Es passt mit meinen Plänen überein - oder eben nicht und deshalb ist entscheidend, welche Bedeutung ich dem Ereignis gebe. Wir lernen daraus, dass wir immer daran denken sollten, keine zwanghafte Kontrolle in bestimmten

Lebenssituationen auszuüben, an denen andere Menschen beteiligt sind. Da bei den meisten Aktionen unseres Lebens andere Menschen beteiligt sind, ist es besser, sich eine innere Offenheit zu bewahren. Es kann so geschehen, aber eben auch ganz anders. Wie reif Sie innerlich sind, das können Sie selbst einmal durch Beantwortung dieser Frage an sich selbst testen: "Wie rasch sind Sie dabei, Gott über Ihre Erfahrungen und Ergebnisse bestimmen zu lassen?" Dadurch vertrauen Sie zunächst Gott ihre innersten Pläne und Träume an und zugleich erkennen Sie seine oftmals größeren Pläne an. Sie signalisieren die Bereitschaft zur inneren Gelassenheit. Paulus drückt es so aus: *"Wir wissen aber, dass denen, die Gott lieben, alle Dinge zum Besten dienen, denen, die nach seinem Ratschluss berufen sind"* (Röm. 8,28).

Das Gesetz der Anziehung einmal ganz anders

Sprüche Salomos 12,16

Ein Tor, ein Dummkopf zeigt seinen Zorn sofort, wer Schmähungen überhört, der ist klug.

Sirach 27,28

Wer einen Stein in die Höhe wirft, dem fällt er auf den Kopf.

Auslegung

Wurden Sie schon mal so richtig von der Seite beschimpft, heftig verbal angegangen, so dass Sie fast nicht glauben konnten, was der Angreifer über Sie sagt? Wie haben Sie reagiert, als man Sie wütend anschrie? Was haben Sie gemacht? Wahrscheinlich, was die meisten Menschen machen: entweder, man geht still weiter und lässt sich nichts anmerken, tut so, als ob man nichts gehört hat, oder man lässt sich auf eine wortreiche Auseinandersetzung ein. Hinterher erholt man sich nur langsam von dem Schrecken, denkt noch mal darüber nach, was einem gerade an den Kopf geworfen wurde und dann bekommt man plötzlich Zweifel. Was, wenn das stimmt, was mir da gerade an den Kopf geworfen wurde? Dann wird einem mulmig, man stellt sich in Frage und fängt schon an zu glauben, dass der Andere mit seinen Frechheiten vielleicht doch Recht hatte. Man lässt sich innerlich dann irgendwie auf den Inhalt der Beschimpfung ein. Letztendlich stellt man sich in Frage, obwohl man es eigentlich unter seiner Würde empfindet. Ärgern Sie sich auch so darüber, wenn Sie sich wieder einmal durch etwas in Frage stellen, das Sie dann nicht wieder loslässt? Und das Ganze passiert Ihnen, obwohl Sie sich eigentlich nicht mehr ärgern lassen wollten? Ich erlebe mich selbst eher als Jemanden, der sofort versucht, sich zu rechtfertigen, oder einen, der sich eher schnell auf eine Provokation einlässt und diese Einladung zum Kontern annimmt und zuweilen auch zurückschimpft. Aber eigentlich will ich das gar nicht. Und dann habe ich den Spruch Salomos im Ohr: *"Ein Tor, ein Dummkopf zeigt seinen Zorn sofort, wer Schmähungen überhört, der ist klug."* Nun, daran wird mir deutlich, dass ich an mir selbst noch Einiges zu arbeiten habe, um nicht auf Dauer alles gleich persönlich zu nehmen, was mir an den Kopf geworfen wird. Jesus ist darin übrigens ein gutes Beispiel: was musste der sich von seinen Gegnern alles anhören. Ein Säufer und Fresser sei er, einer, der sich mit dem Abschaum der Gesellschaft abgibt. Jesus hat sich nicht selbst verteidigt und versucht, die Anklagen zu widerlegen, auch als es um den Vorwurf der Gotteslästerung ging, was sein sicheres Todesurteil bedeutete. Jesus hat souverän reagiert und wurde nicht zornig, sondern hat, wie ein Kluger, die Schmähungen einfach überhört! Vielleicht wusste er schon ganz genau, dass Beleidigungen und Anklagen fast immer nur etwas mit demjenigen zu tun haben, der sie äußert. Denn was Streitsüchtige, die uns beleidigen wollen, sagen, zeigt letztlich nur, wer Sie selbst sind. Die Beschimpfung hat oft nur wenig mit dem Geschmähten zu tun, denn, wer einen Stein hochwirft, den wird diese Aggression selbst treffen. Also werfen wir lieber keine Steine, auch nicht mit unseren Worten.

Danken ist gesegnet oder welcher Spendentyp bin ich?

Hebräerbrief 13, 15f.

Durch Jesus wollen wir Gott jederzeit und in jeder Lebenslage Dankopfer darbringen: das heißt: wir wollen uns mit unserem Beten und Singen zu ihm bekennen und ihn loben. Vergesst nicht, Gutes zu tun und mit anderen zu teilen. Das sind die Opfer, an denen Gott gefallen hat.

Auslegung

Im Herbst, wenn wir mit guten Erinnerungen vom letzten Sommer Abschied nehmen müssen, ist der Altar in den Kirchen mit frischen guten Sachen geschmückt. Zum Erntedankfest sagen wir Danke. Wem eigentlich? Dem Marktstand? Dem Großmarkt? Dem Landwirt? Und warum Danke? Wann haben Sie das letzte Mal bewusst danke gesagt? Wissen Sie, was der Trick, der Vorteil beim „Danke sagen" ist? Man sieht das berühmte halbvolle Glas als tatsächlich noch halbwegs voll an. Würden Sie es als halbleer bezeichnen, liegt die Klage nahe, warum es denn nicht mehr ganz voll ist. Prüfen Sie sich selbst in Bezug auf Ihre Lebenszeit. Ist viel zu viel davon schon vorbei? Oder haben Sie noch einen guten Teil Ihrer Lebenszeit vor sich? Danken lässt uns sehen, was wir haben oder hatten! Das ist das Wertvolle am Danken. Es hält uns ab, darüber zu klagen, was wir nicht oder nicht mehr haben. Wovon habe ich mich schon alles verabschieden müssen? Und Sie? Danken bewahrt mich, zu sehen, was ich jetzt nach den Verlusten noch habe. Apropos haben. Was ich gut habe, ist mein Guthaben. Das meint auch mein Geld. Wieviel davon haben Sie auf der hohen Kante oder in Monaco, der Schweiz oder einer Briefkastenfirma zurückgelegt für schwierige Zeiten, damit Sie nicht in die Armut stürzen oder auf der Straße landen? Der durchschnittliche Deutsche soll 61 000 Euro auf der hohen Kante haben. Da ich das nicht annähernd habe und Sie vielleicht auch nicht, müssen andere noch viel mehr als der Durchschnitt auf dem Konto haben. Wir erinnern uns an die Erzählung von Josef im Alten Testament. Ihm wurde genau dieses Verhalten zum Erfolg. Er legte in guten, fetten Jahren am Hofe des Pharao Vorräte an, damit das Volk in Zeiten der Not, den dürren Jahren, auch genug Nahrung hatte. Für dasselbe Sparen rügt Jesus aber den reichen Kornbauern, der seine Scheunen füllt und sich für die ungewisse Zukunft absichern will (Lukasevangelium 12, 16-21). Ist das wirklich falsch? Ich glaube nicht! Aber Jesus geht es nicht darum, uns allen ein Leben zu verordnen, das er selbst als Wanderprediger noch gelebt hat, nämlich von der Hand in den Mund. Jesus hat nichts gegen unseren Wohlstand. Wovor aber warnt Jesus uns wirklich? Lesen wir den ersten Satz der Erzählung vom reichen Kornbauern: „Gebt acht! Hütet euch vor jeder Art von Hab-gier!" Was ist Hab-gier? Wenn meine Geldsammel-leidenschaft jedes Maß verliert! Wenn man sich in einer Gier nach immer mehr Besitzen-wollen fangen lässt. Ich erinnere mich noch gut an Freunde, die sich einmal Aktien gekauft hatten. Die entwickelten einen regelrechten Zwang darin, die Aktienwertbewegungen in der Zeitung zu verfolgen. Sie konnten nur noch daran denken, dass die Aktie steigen soll. Ist sie gefallen, waren sie in der Angst gefangen, alles zu verlieren. Man soll ja deshalb nur Geld in Aktien stecken, das man übrig hat. Haben Sie in andere Aktien investiert? Es wird zur Vorsicht geraten. Wie gehen Sie selbst mit Ihrem Geld um? Testen Sie sich doch einmal selbst. Wie reagieren Sie auf Bettler? Da waren Sie gerade im Kino oder im Theater und am Ausgang steht ein vollbärtiger ungepflegter etwas streng riechender Bettler mit Krücke und einem alten Kakaobecher am Ausgang und hält Ihnen den unter Ihre Nase und bittet um eine kleine Spende. Wie reagieren Sie? A) Sie gucken weg, als hätten sie ihn nicht gesehen oder gehört. Er ruft ihnen noch hinterher: „Einen schönen Abend noch". Sie reagieren auch darauf gar nicht und bekommen innerlich ein schlechtes Gewissen. (Sie gelten mit dieser Reaktion als „Anfänger", nicht geübt und auf dem falschen Fuß erwischt). B) Sie gehen vorbei, da sie aus Prinzip nichts geben, erwidern aber seinen Schönen Abendgruß. (Sie können als Fortgeschritten gelten, unterstützen aber keine Alkoholsucht.) C) Sie geben ihm bewusst einen Geldbetrag, fordern ihn aber auf, sich davon ein Brötchen und keine Drogen zu kaufen. (Sie gelten als Menschenverbesserer, glauben an das Gute im Menschen und wollen erziehen). D) Sie geben ihm einen Schein und er darf damit tun, was er will, denn immerhin ist er schon erwachsen und muss wissen, was er tut (Sie sind ein liberaler Geist und sehr freigebig). Es ist eine kniffelige Herausforderung mit dem Verhalten gegenüber bettelnden Menschen. Wir können hier gar nicht erörtern, dass es schon organisierte Gruppen gibt, die mit falschen Krücken an unser Geld kommen wollen. Oder wenn ich regelmäßig jedem unreflektiert etwas Geld gebe, kann sich das ganz schön summieren. Dann würde man viel Geld loswerden. Heute ist ein Tag, sich darüber klar zu werden, wem ich wann wieviel warum spende. Soweit die praktische Seite unseres heutigen Themas! Warum sollen wir uns aus biblischer Sicht Gedanken machen, wie wir mit unserem Besitz verantwortlich umgehen? Warum bringt uns die Gier, das „Haben wollen", nach der Meinung Jesu nicht entscheidend weiter? Jesus antwortet in dem Kornbauergleichnis: „Denn der Mensch gewinnt sein Leben nicht aus seinem Besitz, auch wenn der noch so groß ist." Wie gewinne ich denn dann mein Leben? Ist die jetzige Lebensqualität gemeint? Oder gar das ewige Leben nach meinem irdischen Dasein? Was soll ich tun? Das Evangelium hebt ja nur den Zeigefinger und nachdem der reiche Kornbauer reich geworden ist, steht Gott auf der Matte und fordert sein Leben: er stirbt. Was hat er jetzt davon, dass er reich ist? Jesu Fazit: „So steht es mit allen, die für sich selber Besitz aufhäufen, aber bei Gott nichts besitzen:" Dieser erhobene Zeigefinger bringt uns auch nicht weiter! Was machen wir mit all denen, die bald nach ihrem Ruhestand oder der Pensionierung plötzlich gestorben sind, ihren wohlverdienten Wohlstand gar nicht erst genießen konnten oder beim Anhäufen von Reichtum den plötzlichen Herztod erlitten. Jeder von uns kennt solche Fälle. Der Text aus dem Hebräerbrief hilft uns, konkrete Handlungsanweisungen zu bekommen, wie unser Leben an der Besitzgier vorbei gestaltet sein sollte. Durch Jesus sollen wir Gott jederzeit und in jeder Lebenslage Dankopfer darbringen. Das bedeutet nichts Geringeres, als uns mit unserem Beten und Singen zu ihm zu bekennen und ihn zu loben. Wir sollen nicht vergessen, Gutes zu tun und mit anderen zu teilen. Das sind die Opfer, die Gott gefallen. Wir leben unser Leben intensiv und gewinnend, wenn wir beten und Gott loben, Gutes tun und mit anderen teilen. Beten, singen, Gutes zu tun, teilen. Das ist lebendige Spiritualität. Singen und beten kann man in einem Gottesdienst. Das kann man aber auch im Wald oder im stillen Kämmerlein gut machen. „Gutes tun" ist ein weiter Begriff. Die Amerikaner meinen damit, dem Mitmenschen „Magic Moments", magische Momente zu verschaffen. Das meint, ihm helfen, höflich sein, wo es der Andere nicht erwartet oder ihm einfach mal besonders viel Geld geben, ob er es verdient hat oder nicht. Manche Millionäre verteilen heute ihre Geldscheine mit Hilfe von Luftballons auf manchen öffentlichen Plätzen, um auf eine bessere Verteilung des Reichtums hinzuweisen. Magic. Zu teilen, ohne es zu bereuen, aus vollem Herzen heraus etwas abgeben und es auch wirklich aus Zuneigung zu tun. Das sind magische Momente. Vielleicht ist es das, was Jesus meint: Schon hier und jetzt mit Gott in Verbindung zu sein und seine Liebe an die Menschen weiterzugeben, statt alles gierig und ängstlich zu bunkern. Das macht uns frei, auch nach unserem Tod, mit Gott in Verbindung zu bleiben. Das ist nach der Bibel wahrer Reichtum! Leben wir es doch einfach schon hier und jetzt und heute und loben Gott. Es ist Ihrer Mündigkeit überlassen, wie Sie hier heute in die Welt gehen und Gutes tun und teilen. Viel Freude dabei.

Ihre Eltern – ein Problem?

Sirach 7,29 (apokryph)

Ehre deinen Vater von ganzem Herzen und vergiss nicht, welche Schmerzen deine Mutter um dich gelitten hat...und denke daran, dass du von deinen Eltern das Leben hast; womit kannst du ihnen denn vergelten, was du ihnen verdankst?

Auslegung

Hatten Sie „gute" Eltern? Was sind eigentlich „gute" Eltern? Sind Sie Mamas Liebling oder Papas Prinzessin? Ist einer von ihnen früher verstorben? Können Sie ihre Eltern lieben oder halten Sie eher Abstand? Haben Sie Gewalt erfahren und Sie wurden geschlagen? Vielleicht haben Sie sich von einem Elternteil schon verabschiedet. Oder Ihr Geschwister ist mehr geliebt worden als Sie. Fest steht: Egal, wie Ihre Eltern sind oder waren: es sind Ihre einzigen. Glauben Sie, dass Ihre Eltern dennoch ihr Bestes gegeben haben? Sicher fallen Ihnen viele Situationen ein, für die Sie Ihren Eltern Vorwürfe machen könnten oder es sogar bis heute tun. Wenn Sie sich vor Augen halten, dass Ihre Eltern ihr Bestes gegeben haben und eben genau das, was sie Ihnen gegeben haben auch nur zu geben hatten, fällt Ihnen die Vergebung vielleicht leichter. Denn unsere inneren Wunden können erst heilen, wenn wir vergebend loslassen können, was uns an unser „Kind sein" bindet. Vielleicht haben Sie allzu sehr geglaubt, das negative Verhalten Ihrer Eltern hätte etwas mit Ihnen zu tun. Sie haben ihr Verhalten persönlich genommen und auf sich selbst bezogen. Dabei sagt das elterliche Verhalten nur etwas über die Eltern selbst aus. Waren Sie liebevoll oder zornig und strafend? Es sagt nichts über Ihren Wert als Kind aus. Die Bibel erinnert daran, dass unsere Eltern existenzbedrohende Wagnisse auf sich nahmen, um uns das Leben zu schenken. Unsere Mutter hatte vielleicht sogenannten Vernichtungsschmerz, um uns in Wehen ins Leben zu gebären und einer von ihnen oder beide haben uns täglich im Schweiße ihres Angesichts ernährt, in dem sie Geld verdienten. Das ist ihr Geschenk an uns. Dabei gaben sie ihr Bestes. Wenn es nicht für eine existenzsichernde Arbeit reichte oder wärmende Elternliebe, dann, so glaube ich, hatten Ihre Eltern auch schon von ihren Eltern ein schweres emotionales Erbe übernommen und es war ihnen nicht möglich, etwas anderes weiter zu geben. Ich glaube, ihnen zumindest dafür dankbar zu sein, dass sie uns das Leben schenkten, lässt viele alte Wunden tief heilen. Vielleicht haben Sie noch die Möglichkeit, ihnen persönlich dafür zu danken. Dann tun Sie es!

Selbststärkung

Sacharja 8,13

Fürchtet euch nur nicht und stärket eure Hände.

Auslegung

Was tun Sie eigentlich, wenn eine wirklich große Aufgabe auf Sie zukommt? Eine Aufgabe, die nicht alltäglich ist. Sie können sie Herausforderung nennen oder aber sie empfinden sie als Bedrohung. Wenn ich Beispiele nenne, wird es Ihnen vielleicht noch deutlicher, was ich meine: Sie hören von der Krankheit eines nahestehenden, geliebten Menschen oder Sie stehen vor einer Prüfung; Sie sind vielleicht selbst krank oder beruflich wartet eine große Aufgabe auf ihre Erledigung; ein Familienmitglied oder Arbeitskollege sucht Streit mit Ihnen. Sie sind schwanger, Ihr Leben wird sich bald sehr verändern; oder Ihr Lebenspartner hat Sie im Stich gelassen, nun sind Sie allein und vieles mehr. Empfinden Sie solche Dinge als Herausforderung? Oder eher als eine Bedrohung? Oder Beides? Es kann sein, dass Sie es mit der Angst zu tun bekommen. Zuerst empfinden wir vielleicht Sorge und Panik! Wir reagieren vielleicht mit Rückzug, Zweifel und Mutlosigkeit, verkrampfen uns, atmen nur oberflächlich. Oder Sie können nichts mehr essen, reduzieren Ihre Wahrnehmung nur noch auf das Problem. Alles andere vergessen Sie. Es gibt plötzlich nichts Schönes mehr in Ihrem Leben. Sie sind geradezu fixiert auf das Problem und vergessen, tief zu atmen und sich zu bewegen. Ihre Hände werden feucht, Ihr Magen fühlt sich flau an und Ihre Stimmung verfinstert sich. Es wird dunkel, ja vielleicht depressiv. Jeder Mensch kennt diese Zustände, aber nicht jedem sind sie bewusst. Viele verdrängen das Unangenehme an solchen Lebensaufgaben schneller als andere und malen lieber alles wieder bunt und denken an Sonnenschein, auch wenn alles andere gerade bewölkt ist. Der Prophet Sacharja aus dem

Alten Testament ist ein Menschenkenner. Er weiß, dass der Mensch zuallererst mit Furcht auf etwas Bedrohliches reagiert. Deshalb spricht er uns Mut zu: *"Fürchtet euch nur nicht und stärket eure Hände."* (Sach. 8,13). Nun sagen Sie: „Na ja, das ist ja ganz schön, dass er uns aufruft, uns nicht zu fürchten, aber damit ist die Angst noch lange nicht verschwunden! Das ist mir zu banal, was dieser Prophet da sagt." Sie hätten Recht, wenn Sacharja wirklich nur eine Beruhigung ausgesprochen hätte. Er gibt darüber hinaus aber eine konkrete Handlungsempfehlung, hinter der vielmehr steckt, als es zunächst den Anschein hat. *„Stärket eure Hände!"* Was meint er damit? Wenn wir uns bedroht fühlen, dann ziehen wir uns manchmal innerlich zurück und werden passiv. Dabei vergessen wir aber, dass wir jetzt eigentlich jede Kraft brauchen, um die Aufgabe aktiv zu bewältigen. Nicht Rückzug, sondern Handeln bringt Bewegung in die Sache und verspricht Erfolg. Sacharja erinnert uns daran, uns nicht zu vernachlässigen, wenn wir etwas Großes bewältigen müssen. Wir sollen uns dann erst recht versorgen und uns Gutes tun, indem wir bewusst atmen, nachdenken, unsere Hände und Füße einsetzen. Wir sollen unseren Kopf, Herz, Hand und Mund locker lassen und dazu gebrauchen, um energiereich die Ärmel aufzukrempeln und mutig ans Werk zu gehen - der vermeintlichen Gefahr entgegen. Dazu können wir jederzeit Gottes Beistand und Hilfe erbitten. Ich wünsche Ihnen dabei gutes Gelingen, sich für all die Probleme, die Sie noch bewältigen müssen, selbst zu stärken. Denn: hilf Dir selbst, dann hilft Dir also auch Gott.

Wo viel Licht, da viel Schatten

Genesis 1,3ff.

Da befahl Gott: „Licht soll aufstrahlen!" und es wurde hell. Gott hatte Freude an dem Licht; denn es war gut. Er trennte das Licht von der Dunkelheit und nannte das Licht Tag, die Dunkelheit Nacht.

Auslegung

Das ist eine einzigartige Erfindung Gottes. Er, der ewig Gleiche, Zeit und Raum nicht Unterliegende, er, der als Ursprung all dessen, was ist, gilt, hat sich eine Welt geschaffen, die ganz anders funktioniert als wahrscheinlich alles andere im Universum. Unser blauer Planet, die schöne blaue Kugel, die von der Existenz der Sonne abhängt, wird, wenn es eben diese Sonne nicht mehr gibt, auch keine Seinsgrundlage mehr haben. Unser Planet ist endlich. Wer auf ihm lebt, unterliegt Raum und Zeit. Der Ursprung all dessen, was ist, hat sich einen Raum geschaffen, der von der Polarität lebt. Licht und Dunkelheit, Südpol und Nordpol, kalt und warm, Liebe und Hass, langsam und schnell, Trauer und Freude. Nichts existiert ohne sein Gegenteil! Nichts. Wirklich nichts. Alles findet somit seinen Ausgleich. Wo viel Licht, dort viel Schatten und wenn man es zusammendenken könnte, würde es sich vielleicht wieder in das Nichts aufheben. Liebe plus Hass ist ausgeglichen. Kalt plus Wärme ist lau. Alles findet seinen Ausgleich. Ist das ein geistliches Gesetz auf unserer Erde? Das ist die Polarität unserer Wirklichkeit. Ist das überhaupt der Grund unserer Lebensform? Was wäre ein Leben im Bewusstsein Gottes ohne Hindernisse, Prüfungen und Widerstände, kein Glaube ohne Zweifel. Und dann das Dunkel, auch der Seele: keiner liebt es und doch kennt es jeder, wenn es finster in einem wird, die Traurigkeit oder andere Zustände zu stark werden. Aber bedenken Sie: Das dunkle Erleben lässt uns erst das Helle, Leuchtende erkennen. Kein Licht ohne Schatten. Und das ist es auch in unserem Leben so. Die schönen Tage und Gefühle in unserem Leben erkennen wir doch nur deshalb, weil wir die finsteren und hässlichen Tage und Gefühle auch kennen. Unser Leben, jeder Weg des Menschen, führt letztlich durch Dunkles in Richtung des Hellen und irgendwann ist dieser Weg zu Ende. Der Tod, das andere Leben, beendet unser irdisches Leben. Die Musik verstummt irgendwann. Das Schöne dauert nicht ewig, aber auch das bedrückende Leiden nicht. Ich glaube, wir kommen nach unserem Leben in dieser polaren Welt in eine ganz neue Dimension. Dort gibt es diese Gegensätze von Zeit und Raum nicht mehr. Aber wissen Sie, wie das ist, wenn wir versuchen, das neue Leben nach dieser Existenz auf unserem blauen Planeten zu beschreiben? Es ist so, als würden sich Einzeller, wie z.B. Bakterien, Gedanken über unser komplexes Herz – Kreislauf – System machen, oder darüber nachdenken wollen, was Heiraten oder was genau ein Auto ist und wie es funktioniert. Aber Sie müssen zugeben: angesichts des unendlichen Universums sind wir im Verhältnis auch so groß wie solch ein Bakterium, das sich Gedanken über das Woher und das Wohin des Universums machen will. Ich glaube, unser Gehirn ist dafür einfach nicht ausgelegt! Deshalb: Seien wir doch gespannt, wie es sich darstellen wird. Warten wir geduldig auf den Tag unserer vollkommenen Erkenntnis. Bis dahin leben wir tapfer ein Leben in Begrenzung und spirituellem Wachstum. Dennoch dürfen wir neugierig auf das Ungewisse und Unfassbare bleiben.

Freisein, wirklich frei sein

Johannes 3,8b

Dazu ist erschienen der Sohn Gottes, dass er die Werke des Teufels zerstöre.

Auslegung

Noch immer gibt es junge Menschen, die mir von ihren Erlebnissen mit dem Gläserrücken, dem Pendeln, dem Legen von Tarot-Karten und anderen okkulten Praktiken berichten. Dieses sind Methoden der Kontaktaufnahme mit den Geistern verstorbener Menschen, die aber nie ins Licht, das heller als die Sonne ist, gefunden haben. Sie suchen immer noch nach Erlösung. Da wird eine Kerze angezündet, natürlich im dunklen Zimmer, ein Spruch aus dem Internet heruntergeladen, womit dann die Geister gerufen werden. Wer es wirklich wissen will, nimmt einen Spruch, durch den Satan selbst gerufen wird. Und dann bittet man um ein Zeichen, ob jemand da ist. So kann ein Geist klopfen, wenn er anwesend ist, oder das auf den Kopf gestellte Glas wandert zu den ausgelegten Buchstabenkarten. Die angestoßenen Karten ergeben einen Satz und sind die Antwort eines anwesenden Geistes. In einem Fall eines Jungen ging es nicht so glimpflich unterhaltsam aus. An einem spannenden Augenblick seiner vermeintlichen Unterredung mit Satan wehte plötzlich ein Windhauch durchs Zimmer und blies die Kerze aus, obwohl alle Fenster verschlossen waren. Und zugleich griff ihn eine Hand von hinten an den Hals, schnürte ihm die Luft ab und riss ihn nach hinten, so dass er umfiel. Wenn wir diese Geschichte auch mit Sorgfalt prüfen müssen, um keinem Scherz zum Opfer zu fallen, erkennen wir doch an der kleinlauten Betroffenheit der Jugendlichen, die solches erleben, dass es etwas Wahres ist, was sie erfahren haben. Nehmen wir das Symbol der Hand, die mir von hinten den Hals zudrückt als Symbol und ersetzen den Satan oder Teufel mit dem Bösen, dann entdecken wir doch schnell Bedrohungen in unserer ganz realen Welt, die in übertragenem Sinn ähnlich wirken, wie die Geisterhand am Hals des Jungen: Alkohol in regelmäßig übertriebener Art konsumiert, hat mich irgendwann im Griff, im Würgegriff. Angst, wenn sie sich zu lange und zu heftig in mir austobt und chronisch wird, schnürt mir auch die Kehle zu, so dass ich nicht mehr durchatmen kann. ... setzen Sie ein, was Ihnen einfällt, was Menschen so in den Griff bekommt, dass sie allen eigenen Willen verlieren und gezwungen werden, Dinge zu tun, die sie eigentlich nicht wollen. Ist es da nicht gut, diese gute Botschaft zu erfahren: *"Dazu ist erschienen der Sohn Gottes, dass er die Werke des Teufels zerstöre."* So lasst uns im Gebet unter das Kreuz Jesu treten, auf die Knie gehen und Gott um Verzeihung bitten, dass wir selbst Geister gerufen haben, die wir nicht mehr loswerden. Er möge ihre Macht durchbrechen und uns wieder freisetzen, auf dass wir menschenwürdig von nichts mehr gezwungen werden können und durch die Erlösung Jesu Christi wirklich frei sind.

Krisenzeiten durchstehen

2. Korintherbrief, 1,8f.

Paulus spricht: "Ihr sollt wissen, Brüder und Schwestern, dass ich in der Provinz Asien in einer ausweglosen Lage war. Was ich zu ertragen hatte, war so schwer, dass es über meine Kraft ging. Ich hatte keine Hoffnung mehr, mit dem Leben davonzukommen. Ja, ich war ganz sicher, dass das Todesurteil über mich gesprochen war."

Auslegung

Paulus spricht hier von einer schweren Krisenzeit. Haben Sie das gehört? Der große Paulus, der Briefschreiber und Held des Beginns unserer christlichen Gemeinden ist so ehrlich, dass er zugibt, an einem Punkt in seinem Leben gelangt zu sein, an dem er nicht mehr ein noch aus wusste. Es muss eine große Not gewesen sein, so dass er sogar dachte, er überlebe das nicht und müsse sterben. Wenn wir verletzlichen Menschen in solch große Not geraten, dann fragen wir immer schnell: "Gott, warum muss mich dieses wirklich schwere Unheil treffen?"-"Warum?" Diese Frage bringt uns aber nicht wirklich weiter. Paulus möchte uns aus seiner reichen Lebenserfahrung etwas Anderes beibringen. Er deutete das Ganze so und sprach weiter: *„Aber das geschah, damit ich nicht auf mich selbst vertraue, sondern mich allein auf Gott verlasse, der die Toten zum Leben erweckt."* (2. Korinther 1,9) Er fragt also nicht nach dem Warum, sondern nach dem Wozu angesichts seiner großen erlittenen Not. Wozu? Er weiß: Ein "Warum" fragt zurück nach dem Grund, in die Vergangenheit. Ein "Wozu" fragt nach vorn und sieht am Horizont schon eine bessere Zeit und Lernerfahrung, die einen Menschen wachsen lässt und reich machen will an Lebenserfahrung mit Gott. So stellt Paulus selbst angesichts seiner Krise fest, dass er Leiden erfährt, damit er Vertrauen nicht auf sich selbst setzt, sondern allein auf Gott. Er beschreibt hier mit "Vertrauen" keinen anderen Vorgang als das innere "Loslassen". Wer loslässt, will die Not nicht mehr mit aller Gewalt selber lösen. Als würde Paulus Sie und mich auffordern: "Hört auf, Euch so sehr um die Kontrolle der Dinge Eures Lebens zu bemühen. Es ist nicht Eure Aufgabe, die Umstände, Ereignisse, Mitmenschen Eures Lebens zu kontrollieren und zu ändern." Sicher hatten Sie Gründe, warum Sie die Ereignisse Ihres Lebens nicht geschehen lassen konnten. Jetzt versuchen Sie es einmal anders: lassen Sie los und lassen Sie die Ereignisse sich entfalten. Hören Sie auf, ständig alles besser zu machen, mehr zu sein, als Sie sind. Versöhnen Sie sich mit gestern. So, wie Sie da gelebt haben, war es in Ordnung. Lassen Sie die sich selbst gegenüber gelebte Strenge los, verbeißen Sie sich nicht noch mehr. Nehmen Sie wahr, dass Gott da ist und Ihnen schwere Dinge abnehmen will, auf die Sie gar keinen Einfluss haben. Geben Sie ihm die Erlaubnis, einzugreifen. Dann lernen Sie, dass Ihre Not einen Sinn hat, wie Paulus es auch lernen musste. Er weiß, dass eine Krise da ist, *"damit wir unser Vertrauen nicht (mehr) auf uns selbst setzen, sondern auf Gott."* Denn wir klammern uns voller Angst an die Dinge und Umstände unseres Lebens, die wir zu haben glauben. Wir denken, wir würden von etwas Großem gehalten. Es sind aber nur die Dinge unseres Lebens, die uns festhalten, ja sogar anketten und uns so zur großen Last werden. Wir meinen manchmal, wir müssten alles beherrschen. Wir sollten aber loslassen, bevor es der Tod ist, der uns schließlich unsere verschlossenen und verkrampften Hände aufbricht! Jesus, bitte löse uns und schenke uns die Kraft zum Loslassen!

Krise: Die Feuerprobe

Sirach 2,5 (apokryph)

Denn wie das Gold durchs Feuer, so werden auch die, die Gott gefallen, durchs Feuer der Trübsal erprobt.

Auslegung

Ist es wirklich so, dass Gott uns erproben muss? Wofür? Prüft er, ob wir es wert sind, zu ihm zu gehören? Das widerspräche seiner Neigung zur Gnade. Vielleicht haben Sie schon vielerlei Traurigkeit erfahren und es wird Ihnen bewusst, dass Sie schon sehr Vieles in Ihrem Leben verabschieden mussten. Ich glaube, das betrifft uns alle, wenn wir ein bestimmtes Lebensalter und damit eine reiche Lebenserfahrung gesammelt haben. Die Herausforderung und eine damit einhergehende Erprobung, bestehen möglicherweise darin, ob man es geschafft hat, sich eine gewisse spirituelle Offenheit angesichts der manchmal übermächtig erscheinenden Trübsal zu bewahren. Oder sind Sie der Versuchung erlegen, einer massiven anklagenden Verbitterung Ihr Seelenfeld überlassen zu haben und im Selbstmitleid zu versinken? Verbitterung klagt Gott an, richtet über ihn und misstraut ihm, indem sie eine Bestrafung Gottes erwartet. Man wirft Gott all die Verluste und Einschränkungen vor, die man erlebt hat. Dabei erfahren die, die sich sehr an Gott halten und ihm deshalb besonders gefallen, seine besondere Nähe. Sie sind wie Gold im Feuerofen. Etwas sehr Wertvolles. Gold widersteht dem Feuer zunächst, bis es bei 1064 °C schmilzt. Bei diesem Vorgang wird das Gold dann gereinigt. Ist unser erfahrenes Leid vielleicht für genau diesen Prozess in unserer Seele zuständig? Reinigt sich unsere Seele, wenn wir schwere Zeiten durchmachen? Ich glaube fest daran. Statt zu fragen: „warum ich?" gibt es eine weiterführende Frage: „Wozu diese ganze Probe?"

Wenn wir der Verbitterung widerstehen und uns dem Leiden anvertrauen, werden wir in unserer Seele weich wie das Gold unter der Hitze und vom Schmerz gereinigt. Von dem Bild vom Gold lernen wir, dass wir im geläuterten weichen Zustand aber dennoch nicht an Wert verlieren, sondern wir gewinnen an Mitgefühl und Verständnis für unsere Mitmenschen. Als Seelsorger weiß ich, dass mich meine eigenen Leidenserfahrungen zu einem präsenteren Zuhörer und wertvolleren Gesprächspartner für alle machen, die sich demselben Lebensprozess der Läuterung unterziehen müssen. Und auch Sie erlangen diese Fähigkeiten, wenn Sie der Verbitterung widerstehen und sich ein spirituell offenes Herz bewahren und auch in Zeiten des größten Leids ihr Leben in Gottes bergende Hand legen.

Krise: Gott zeigt sich

Hiob 42,5

Hiob: „Ich kannte dich ja nur vom Hörensagen, jetzt aber hat mein Auge dich geschaut."

Auslegung

Hiob ist in mancher Hinsicht ein Mensch der Extreme. Das Leiden, das ihn heimsucht, ist kein Alltagsleiden, sondern es sind die großen Katastrophen, die einzelne Menschen heimsuchen können. Ich denke an alle Eltern, die ein Kind verloren haben. Die eigenen Kinder sterben zu sehen, ist eine Katastrophe. Der Grad an Krankheit, den Hiob erfährt, ist heute in seiner zeitlichen und lebensgefährdenden Bedrohung vielleicht mit einem neuzeitlichen Leiden gleichzusetzen: Krebs. Natürlich ist alles relativ und es gibt wahrlich im Verlauf und in ihrer Unheilbarkeit noch schlimmere Krankheiten als Krebs, aber Krebs sollte hier als Beispiel schlimmen Leids genügen, weil diese Krankheitsdiagnose zahlenmäßig viele Menschen heimsucht und schockt. Hiob war ein spiritueller Mensch. Er hatte auf einer bestimmten Ebene seiner Seele einen guten Kontakt mit Gott. So war auch sein Ruf in der Welt: ein frommer Mann zu sein. Ausgerechnet ihm werden alle Kinder getötet und er verliert seine Gesundheit. Wir lernen: auch gläubig zu sein ist kein zauberhafter Schutz vor Unglück! Auch Christen werden von Schicksalsschlägen heimgesucht. Was ihm bleibt: seine Frau und sein Leben. Er stirbt aber fast an seiner tiefen Trauer, denn er möchte lieber tot als lebendig sein. Sicher hatte er Selbstmordgedanken! Der Schmerz war so groß, dass er ihn in seiner ganzen Fülle sicher gar nicht erfassen konnte. Psychologisch nennt man eine solche Abspaltung von zu heftigen Gefühlen „Dissoziation". Hiob beschimpfte Gott, er klagte ihn an, er hasste ihn fast, aber er brach nicht mit ihm! Er verbitterte nicht. Indem er seinen Gott beschimpfte, hielt er geradezu an ihm fest! Denn er klagte zu Gott hin. Er ließ sich läutern, blieb spirituell offen und ging durchs Feuer des größtmöglichen Schmerzes wie durch eine oder viele Chemo-Therapien hindurch und er gewann. Manch einer schafft es nicht. Aber Hiob gewinnt. Er gewinnt eine neue Glaubensintensität, nein, eine tiefere Gotteserfahrung. Sein Glaube wird tiefer gelegt. Er bekommt nach diesem unsagbaren Leid im Heilungsprozess eine so große Glaubensgewissheit, als wüsste er, wer Gott nun für ihn ist, als hätte er ihn geradezu selbst gesehen. Das ist ein Geschenk. Solch einen Weg durch solches Leid mit diesem Ende: das kann man nicht „machen", nicht „leisten" oder „herstellen". Aber Hiob zeigt uns, dass es durchaus im Bereich des Erfahrbaren ist: *„jetzt aber hat mein Auge Dich, Gott, geschaut*".

Krise: Der Wunsch nach Veränderung als Sehnsucht nach dem Tod

1. Könige 19,4

Dann setzte sich Elia unter einen Ginsterstrauch und wünschte den Tod herbei. „Gott, ich kann nicht mehr", sagte er. „Lass mich sterben! Ich bin nicht besser als meine Vorfahren."

Auslegung

In dieser Geschichte finden wir eine frühe Beschreibung des seelischen Zustandes, den wir heute gerne Burnout nennen, um es nicht als Erschöpfungsdepression bezeichnen zu müssen und zuzugeben, dass wir Depressionsneigung haben. Was zuvor geschah: Elia, ein früher Prophet des Alten Testaments, wirkte zur Zeit der Könige Ahab und Ahasja im zweiten Viertel des 9. Jahrhunderts v. Chr.. Er hat wirklich viel riskiert und sein Leben für die Sache Gottes aufs Spiel gesetzt. Im Norden Israels wurde der Gott Baal von Tyrus angebetet, der als Herrscher über Regen und Fruchtbarkeit galt. Dieses war in den Augen des Elia ein Götzendienst, da für den Propheten allein Jahwe als der eine Gott anzubeten war. Somit kündigte Elia zur Provokation des Regen-Baal eine lange Dürrezeit an, die tatsächlich eintraf. König Ahab ließ überall nach Elia suchen und wollte ihn töten. Es kam aber zu einer Art Wettkampf zwischen Elia und den falschen Propheten. Elia gewann diese Machtprobe und Jahwe beendete die Dürre. Auf die Anweisung von Elia wurden die falschen Propheten des Baal durch das Volk getötet. Daraufhin drohte Isebel, die Frau des Ahab, Elia den Tod an. Er musste in die Wüste fliehen und bekam vor Erschöpfung und Todesangst Depressionen. Er hatte sogar Selbstmordgedanken und wollte nur noch sterben. Aber ein Engel Gottes verordnete ihm eine Therapie: Essen und Schlafen. Es geht also in einer solchen Krise darum, wieder zu sich und zu den grundsätzlichen stärkenden Dingen des Lebens zu kommen. So kommt Elia durch Verlangsamung und Selbstliebe wieder zu Kräften und setzt seinen Weg fort. Irgendwann im Leben kommen wir vielleicht selbst an diesen Punkt. Wir haben uns von unseren Eltern gelöst, haben vielleicht sogar bewusst gegen unsere Familie einen eigenen Lebensweg eingeschlagen. Voller Kraft und Selbstbewusstsein haben wir unsere Karriere aufgebaut, Prüfungen gemeistert, Konflikte überwunden, uns vielleicht besser und erfolgreicher als unsere Eltern gefühlt. Voller Stolz, vielleicht mit ein wenig Arroganz sehen wir, dass heute alles besser ist, als früher und es streift uns ein Hauch von Verachtung, warum denn unser Vater oder unsere Mutter das immer anders gesehen haben. Sie haben das „Früher" glorifiziert, indem sie oft feststellten, dass es früher eben besser war. Als junge Menschen haben wir vielleicht rebelliert und uns dagegen aufgelehnt. Bis wir an unsere Grenzen stoßen, weil das Leben nun einmal so funktioniert. Es kommt durch Altern oder durch Schicksalsschläge dazu, dass uns angst und bange wird und unsere Kraft sich doch nicht als unerschöpflich erweist: dann reden wir wie Elia und sind ganz erschrocken über uns selbst. In den Grenzen des Lebens erkennen wir nun vielleicht ein wenig demütiger: die Lebensleistung meiner Mutter, meines Vaters ist doch anerkennenswert. Ich bin doch das Kind meines Vaters, meiner Mutter und ihnen deshalb sehr ähnlich! Ich bin im Grunde wie sie und nicht unbedingt besser, nur anders. Und wenn wir uns aus der Krisenzeit herauskämpfen, haben wir vielleicht etwas gelernt: es ist sogar gut, dass ich das Kind meines Vaters, meiner Mutter bin. Vielleicht mache ich mich zu einem Besuch auf, um ihnen einmal zu danken, dass ich ihr Kind bin. Darauf kann ich nämlich stolz sein.

Gott – Ursprung von Glück und Unglück

Prediger 7,14f.

Freu dich, wenn du einen Glückstag hast. Und wenn du einen Unglückstag hast, dann denke daran: Gott schickt dir beide, und du weißt nicht, was als Nächstes kommt.

Auslegung

Ich rege mich so gerne über das Wetter und noch viel lieber über rote Ampeln auf. Wenn schlechtes Wetter und rote Ampeln zusammen auftreten, dann fühle ich mich in meinen negativen Gefühlen nicht sehr spirituell. Manchmal kommt es mir so vor, als würde die Ampel nur auf mich warten und kurz vor mir umschalten oder der Regen am liebsten dann beginnen, wenn ich ohne Regenschirm oder Jacke unterwegs bin und irgendwelche Papiere transportieren muss, die nicht nass werden dürfen. Ich nehme die Umstände meines Lebens manchmal sehr persönlich und das Ärgern ist mein treuester oder hartnäckigster Begleiter. Noch schlimmer: Grüne Ampeln, die ich auch erlebe, sind für mich selbstverständlich, genau wie viele sonnige Tage. Ich kann es dann schon genießen, nehme diese schönen Augenblicke aber weniger persönlich, als die schlechten. Ich weiß, es fehlt mir in solchen Augenblicken des Ärgerns an Hingabe an das, was gerade ist. Man kann es auch Achtsamkeit nennen. Der Widerstand gegen Zustände, die ich nicht ändern kann, raubt mir kostbare Energie. Ampel und Wetter sind natürlich ein Gleichnis für gehaltvollere gute und böse Umstände meines Lebens. Hiob hat dies einmal angesichts wirklich wichtiger Lebensthemen sehr hingebungsvoll formuliert: *„Haben wir das Gute von Gott empfangen und sollten das Böse nicht annehmen?"* (Hiob 2,10). Wie reif das klingt. Er lebt eine spirituelle Hingabe an beide, an den Glückstag wie an den Unglückstag.

Lesen wir den Prediger genau, entdecken wir einen entscheidenden Hinweis für unseren nächsten Schritt: Über den Glückstag sollen wir uns freuen, über den Unglückstag aber sollen wir nachdenken. Ich soll darüber nachdenken, dass auch dieser von Gott kommt. So ist es meine Aufgabe, zu ergründen, was oder wen mir das Unglück schicken könnte. Denken wir an Lucifer[7], den Lichtträger, dann kann uns vermeintlich Böses eine Erleuchtung bringen. Der, der für so viel Böses verantwortlich gemacht wird, ist der Lichtträger, der Licht in eine Situation bringt. Ohne Dunkelheit kein Licht. Das ist ein Umstand, über den sich nachzudenken lohnt.

[7] Der lateinische Name Lucifer ist aus den Begriffen lux (Licht) und ferre (tragen, bringen) gebildet und meint wörtlich „Lichtbringer". In der christlichen Tradition ist er der Morgenstern vor dem Fall, aus dem dann nach dem Fall ein Name des Teufels wurde. Frühere Christen hatten ein unproblematischeres Verhältnis zu diesem Namen, denn er wurde z.B. von dem Bischof und Heiligen Lucifer von Calaritanus (4 Jh. N.Chr.) als Vorname getragen.

Mit der Liebe Gottes rechnen dürfen

Römer 8,38f.

Paulus: „Ich bin ganz sicher, dass nichts uns von seiner Liebe trennen kann: weder Tod noch Leben, weder Engel noch Dämonen noch andere gottfeindliche Mächte, weder Gegenwärtiges noch Zukünftiges."

Auslegung

Hier benennt Paulus ungeschminkt, was sich im Leben zwischen uns und Gott stellen kann. Unser Lebens ist nun einmal polar. Und das hat vielleicht auch seinen Sinn. Das ist vielleicht auch die Idee dieser Welt. Vielleicht gibt es im unheimlich großen Universum auch andere Welten, aber dort leben dann nicht Menschen aus Fleisch und Blut, sondern Lebewesen, deren DNA z.B. auf Arsen basiert. Nach Gottfried Wilhelm Leibniz[8] leben wir in der besten aller möglichen Welten und alles Leiden durch Übel ist nach ihm notwendig und erklärbar. Es ist die beste aller möglichen Welten in Form von Materie in Zeit und Raum. Vielleicht gibt es auf einer anderen Welt im Universum kein Leiden, dann aber auch nicht den Zustand, den wir Freiheit nennen. Wie dem auch sei: wir, Sie und ich, sind nun einmal Lebewesen auf dieser Welt. Sind wir von Gott ins Leben geworfen oder von unseren Eltern gezogen worden oder haben wir uns selbst entschieden, einmal in Zeit und Raum einzutauchen und es zu genießen, was Leben auch bedeutet. Das Größte, das wir trotz oder gerade wegen der Polarität empfinden können, ist nach Paulus die Liebe Gottes. Diese ist uns sicher, auch wenn wir sie nicht fühlen. Was das bedeutet, kann nur jeder Gläubige für sich klären. Wir können gar nicht getrennt sein von der Liebe Gottes, weil Gott in allem ist.

[8] Leibniz: „Essais de Théodicée". Amsterdam 1710

Und damit auch in uns in dem berühmten göttlichen Funken aber auch in jeder unserer Zellen. Denn er hat sich uns ausgedacht und er muss deshalb in dem sein, was er geschaffen hat. Schauen Sie sich an und Sie sehen auch Gott. Spannend finde ich in der Aufzählung von Paulus das Gegenwärtige und das Zukünftige. Einzig existent ist doch der Augenblick. Gestern ist bereits vergangen und morgen lebt noch nicht. Nur hier und jetzt findet unser Leben statt. Und auch hier und jetzt: egal, was dir passiert, „Gott ist gegenwärtig", wie ein Titel eines schönen Kirchenliedes von Gerhard Teerstegen lautet. Auch in einem Konzentrationslager wurde gebetet und wurden Feiertage gefeiert. Auch in dieser Hölle durfte sich jeder Mensch in der Nähe Gottes wissen. Und nicht zuletzt ist es Gott selbst, der in Jesus am Kreuz selbst als Teil Gottes sich von sich selbst trennte, wenn Jesus die Gottverlassenheit ausruft.[9] „Mein Gott, mein Gott, warum hast Du mich verlassen?" Unter den Schmerzen empfindet Jesus Gott als weit entfernt, obwohl uns in uns nichts von diesem Gott trennen kann. Wir denken uns seine Ferne nur, weil wir es so empfinden. Aber nicht alle Empfindungen entsprechen immer der Wirklichkeit. Das wissen wir, wenn wir Menschen nachweislich einmal sehr unrecht taten, obwohl wir hätten schwören können, dass es so ist, wie wir dachten. Kennen Sie das auch? Früher, als ich als Kind Schnupfen hatte, schmeckten viele meiner Lieblingsessen nicht. Denn meine Nase war voll. Hatten die Dinge ihren Geschmack verloren, oder hat meine Nase eine temporäre Nichtfähigkeit, zu riechen und damit zu schmecken? Sind wir uns der Liebe unseres Partners sicher, wenn es uns schlecht geht? Oft spüren wir den Partner in seiner Liebe nicht, weil wir selbst in der Krise sind und nicht, weil der Partner uns nicht mehr liebt. Deshalb müssen wir Paulus noch verstärken: Nichts trennt uns in Wirklichkeit von der Liebe Gottes, außer unser Denken, das in unserem Unwohlsein wurzelt, er habe uns verlassen.

[9] Jürgen Moltmann: „Der gekreuzigte Gott"

Das Unkraut in mir

Matthäusevangelium 13,24-30

Dann erzählte Jesus der Volksmenge ein anderes Gleichnis: „Mit der neuen Welt Gottes ist es wie mit dem Mann, der guten Samen auf seinen Acker gesät hatte: Eines Nachts, als alles schlief, kam sein Feind, säte Unkraut zwischen den Weizen und verschwand. Als nun der Weizen wuchs und Ähren ansetzte, schoss auch das Unkraut auf. Da kamen die Arbeiter zum Gutsherrn und fragten: 'Herr, du hast doch guten Samen auf deinen Acker gesät, woher kommt das ganze Unkraut?' Der Gutsherr antwortete ihnen: 'Das hat einer getan, der mir schaden will.' Die Arbeiter fragten: 'Sollen wir hingehen und das Unkraut ausreißen?' 'Nein', sagte der Gutsherr, 'wenn ihr es ausreißt, könntet ihr zugleich den Weizen mit ausreißen. Lasst beides wachsen bis zur Ernte! Wenn es so weit ist, will ich den Erntearbeitern sagen: Sammelt zuerst das Unkraut ein und bündelt es, damit es verbrannt wird. Aber den Weizen schafft in meine Scheune."

Auslegung

Dieses Gleichnis Jesu will auf etwas Konkretes in unserem Lebensalltag hin übertragen werden. Dazu nehmen wir an, dass mit dem Acker das menschliche Herz gemeint ist, in dem „Gutes" (Weizen) und „Böses" (Unkraut) zu finden ist. Jeder weiß von sich, dass er Eigenschaften oder Gefühle in sich findet, die er mag und solche, die er gar nicht mag. Diese Eigenschaften und Gefühle können z.B. Mut, Selbstzufriedenheit, Vertrauen, Mitgefühl und Hoffnung sein. Das stellt den Weizen dar. Beispiele für Eigenschaften, die wir gar nicht mögen, sind schneller gefunden, wie z.B. Angst, Zweifel, Wutneigung, Jähzorn, Selbstzweifel, Minderwertigkeitsgefühle, Suchtverhalten (Arbeit, Schokolade, Alkohol, Fernsehen) oder die Neigung, zu kränkeln. Das alles stellt das Unkraut dar! Vergessen wir aber nicht, dass jedes Suchtverhalten eigentlich einen guten Kern hat. Es ist die Sehn-sucht nach Liebe, Bestätigung, Anerkennung und Frieden, die mich erfüllen sollen. Finde ich diese nicht, neige ich dazu, zu einer Vertröstung zu greifen, bis ich nicht mehr davon loskomme. Sucht ist also immer eine Suche nach etwas Wichtigem. Sie ist deshalb nicht vorschnell als etwas Böses zu verurteilen. Und genau dabei will uns Jesus mit seinem Gleichnis helfen. Er beantwortet damit die Frage, wie ich denn mit dem Unkraut, das ich nicht ertragen kann, umgehen soll. Die Jünger/Knechte in dieser Geschichte haben eine schnelle, deutliche Antwort und Idee: "Lasst es uns rausreißen! Es muss weg!" Heute würden wir sagen: Lasst uns das Schlechte in uns verdrängen, abtöten, beseitigen, denn wir schämen uns dafür, wie wir sind. Und Jesus als Hausvater verhindert genau diese schnelle Reaktion mit seinem NEIN! Tut das nicht, verschont das Unkraut. Das, was ihr schlecht nennt, was euch quält, schämt euch nicht dafür und reißt es nicht heraus. Ihr könntet euch selbst verletzen und das Wertvolle in euch mit herausreißen. Behaltet das von euch Ungeliebte in euch! Jesus will den Jüngern und uns beibringen, dass das vermeintlich Minderwertige zu unseren Herzen dazugehört. Er verurteilt es nicht als böse. Es darf da sein, auch gerade vor Gott! Zweifel z.B. gehört fundamental zum Glauben dazu. Sie bilden gemeinsam eine Medaille mit zwei Seiten. Jesus will uns Mut machen, dass wir so, wie wir sind, mit allem Unkraut unter dem Weizen zu Gott gehen und es zulassen, dass er uns auch mit unserem Unkraut liebt und schätzt und nicht auf uns verzichten will. Lassen Sie uns die Liebe Gottes zulassen, auch wenn wir uns für unwürdig halten. Tun wir nur das Eine. Gehen wir immer wieder zu Gott und zeigen ihm das Unkraut in unserem Herzen. Denn Gott fühlt viel liebevoller über uns als wir selbst. Dann erleben wir vielleicht, wie Gott das Unkraut durch seine Liebe einfach still herauswachsen lässt und mit der Zeit werden wir heil, ganz ohne eigene Leistung. Übrigens gibt es die eine neue Herstellungsmethode, wonach gute Kleidung gesünder und wassersparender aus Brennnesseln hergestellt werden kann, als wie gewohnt aus Baumwolle. Aus Brennnesseln!? Dem Feind und Unkraut unserer Kindheit! Ich werde nachdenklich.

Warum Perfektionismus in die Irre führt

Römerbrief 7, 18f.

Paulus: „Wir wissen genau: In uns selbst, so wie wir der Sünde ausgeliefert sind, lebt nicht die Kraft zum Guten. Wir bringen es zwar fertig, uns das Gute vorzunehmen; aber wir sind zu schwach, es auszufüllen. Wir tun nicht das Gute, das wir wollen, sondern gerade das Böse, das wir nicht wollen."

Auslegung

Nach der Aussage des Psalmbeters von Psalm 8 sind wir Menschen nur ein wenig niedriger als Gott gemacht. Ein wenig niedriger nur als Gott. Worin besteht aber der Unterschied? Worin sind wir niedriger, worin besteht also unsere Menschlichkeit, im Gegensatz zur Göttlichkeit Gottes? Wenn es um Fragen geht, wie der Mensch ist, und was ihn Mensch sein lässt, so kann uns Paulus weiterhelfen. Volkstümlich ausgedrückt, sagt er hier nichts anderes als: „Der Geist ist willig, aber das Fleisch ist schwach." Wie leben Sie mit dieser Schwäche ihres Charakters oder Fleisches? Ich kenne viele Menschen, die diesem Prinzip des Sündigens oder Fehlerbegehens so entkommen wollen, indem sie versuchen, perfekt zu leben und Fehler zu vermeiden. Sie folgen dem stillen Appell ihres Herzens oder ihrer Erziehung: "Sei perfekt"! Und das kann eine echte Sucht werden, ein innerer Antrieb, den sie dann nicht mehr einfach abstellen können. Und so leben diese Menschen in einer ständigen Zwickmühle, denn sie stellen früher oder später fest: „Ich kann ja gar nicht perfekt sein. Ich mache dauernd Fehler!" Eine erste Fluchtreaktion kann der Gedanke sein: "Dann sind eben die anderen schuld! Die sind falsch, ich doch nicht". Sie vermeiden, wovon der Psalm spricht: sie wollen nicht einsehen, niedriger als Gott zu sein. Ich glaube, es führen zwei Wege aus dieser Zwickmühle: 1) sich eingestehen, unvollkommen zu sein und Fehler machen zu dürfen. Jemand, der nicht Gott ist, darf Fehler machen. Das macht den Menschen erst zum Menschen! Das bedeutet nicht, etwas nicht ordentlich zu machen. Es geht dennoch darum, verantwortungsvoll zu handeln, sich aber zuzugestehen, dass man bis zum Lebensende unfertig, unvollkommen bleiben wird und das auch bleiben darf. 2) Gott und den Mitmenschen um Verzeihung bitten. Gott will Ihr Fehlereingeständnis nicht, weil er Recht haben will, sondern weil er Sie liebt und Ihnen beibringen will, seine flammende Liebe zu Ihnen anzunehmen. Er ist gnädig, wenn Sie sich ihm nähern und er will Sie beschenken. Trauen Sie sich, zu ihm zu gehen. Gerade dann, wenn in Ihrem Leben etwas schief gegangen ist. Schämen Sie sich nicht. Vertrauen Sie! Er wartet auf Sie.

Mein EGO und ich

Matthäusevangelium 4,17

Jesus fing an zu predigen: „Tut Buße, denn das Himmelreich ist nahe herbei gekommen."

Auslegung

Sicher haben Sie auch schon einmal erlebt, wie im Straßenverkehr kräftig gehupt wurde, weil jemand nicht schnell genug um die Kurve fuhr. Oder haben Sie selbst schon mal gehupt oder geschimpft, als es nicht so voran ging, wie Sie das gerne gehabt hätten? Oder wie war das, als ein Nachbarskind durch Ihr Blumenbeet sprang oder der Fußball dauerhaft in Ihrem Garten landete, wo er nicht hingehört. Haben Sie das Kind angeschrien oder zumindest ausgeschimpft? Mir passiert es z.B., zwar selten, aber dennoch, dass ich Mitspieler beim Fußball, wenn der Pass nicht ankommt, oder wieder nicht abgespielt wurde, anschimpfe und Ihnen Schuldzuweisungen entgegen rufe, obwohl ich das eigentlich nicht will. Dann gehen die Pferde mit mir durch. Wo sind in letzter Zeit mit Ihnen die Pferde durchgegangen, obwohl Sie sich etwas Anderes vorgenommen hatten? In der jeweiligen Situation fühlen wir uns ja noch im Recht, hinterher aber denken wir noch einmal darüber nach und ärgern uns darüber, dass wir so und nicht anders gehandelt haben und schämen uns ein wenig ... vielleicht. Warum passiert es uns immer wieder, dass wir dem EGO in uns, also dem Teil, der gerne ungeduldig ist, so großen Einfluss auf unser Handeln geben? Immer dann, wenn wir auf eine Erfahrung, die wir im Alltag machen, negativ reagieren, haben wir dem EGO die Verantwortung überlassen. Mit Vorliebe schürt unser EGO Unruhe in uns, weil wir auf diese Weise Probleme heraufbeschwören, wo eigentlich keine sind. Unser geistiger Friede und unsere Gelassenheit sind plötzlich verschwunden. So sind wir unserem EGO auf Gedeih und Verderb ausgeliefert. Aber was hilft uns, wenn wir das so nicht mehr leben wollen? Vielleicht hilft es, uns unser EGO als Feind vorzustellen, der uns und anderen Schaden zufügen will. Zwischen dem EGO und dem liebevollen Trost des Heiligen Geistes besteht jedenfalls ein himmelweiter Unterschied. Was kann uns aber helfen, weniger im Streit, sondern eher im Trost und im Frieden des Heiligen Geistes zu leben? Zunächst einmal dürfen wir uns angewöhnen, uns über bereits verschüttete Milch nicht die Augen auszuweinen. Wenn wir durch unser EGO zugeschlagen haben, dann ist es erstmal so passiert. Jetzt dürfen wir aber nicht dabei verharren und sagen: „Das wird schon wieder, ist ja nicht so schlimm." Sondern es ist kein geringerer als Jesus, der uns in dieser Frage die entscheidende Richtung geben will: *"Jesus fing an zu predigen: Tut Buße, denn das Himmelreich ist nahe herbei gekommen."* Das ist also das Erste, das Jesus seinen Jüngern, und damit auch uns, beibringen möchte: Buße tun. Ein unheimlich altmodisches Wort, aber gegenüber unserem polternden EGO beschreibt es genau die Haltung, die uns heilen und helfen will, nämlich: Gehen Sie in sich, bereuen Sie die Art, wie Sie gehandelt haben, bitten Sie Gott und den, den Sie verletzt haben, um Verzeihung und spüren Sie, wie nahe der Heilige Geist Ihnen dann kommt; das ist die neue Lebensart, die Ihnen Frieden und Ruhe schenkt: *"Tut Buße, denn das Himmelreich ist nahe herbeigekommen"*.

Unser Böses im Anderen sehen

Matthäusevangelium 7,7f.

Jesus: „Wie kannst Du zu Deinem Bruder oder Deiner Schwester sagen: ‚Komm her, ich will Dir den Splitter aus dem Auge ziehen', wenn Du selbst einen ganzen Balken im Auge hast? Scheinheilig bist Du! Zieh doch erst den Balken aus Deinem eigenen Auge, dann kannst Du Dich um den Splitter in einem anderen Auge kümmern!"

Auslegung

Es gibt eine schlechte und eine gute Nachricht. Zuerst die schlecht Nachricht: Nach diesem Hinweis Jesu haben wir einen Balken im Auge. Trotz dieses Balkens können wir noch sehr gut die Splitter im Auge der anderen Mitmenschen sehen. Das hört sich zunächst nach einer positiven Fähigkeit an, ist aber genau das Problem, um das es hier geht. Unser Alltag ist voll davon. Oft beurteilen wir das Verhalten der Mitmenschen. Und wenn sie in unseren Augen Schlechtes tun, verurteilen wir sie auch noch. Wir lästern, denunzieren, setzen herab, spotten und witzeln über alles, was uns begegnet und regen uns über so viel Dummheit, Unzulänglichkeit und Unmoral auf. Dabei vergessen wir in unserer richtenden, anmaßenden Haltung eines: dass auch wir unzulängliche Menschen sind, die jedes Mal dabei sind, sich über Ihresgleichen zu erheben. Das Bedenkliche daran ist, dass wir uns auch noch im Recht fühlen und uns sogar selbst glauben, besser als die Anderen zu sein. Und besonders problematisch ist der Augenblick, in dem wir meinen, den Anderen unsere Überlegenheit spüren lassen zu müssen, indem wir uns sogar an ihn richten und Ratschläge, Verurteilungen oder Maßregelungen verteilen. Das ist der Augenblick, in dem

Jesus uns „Schein-heilige" nennt. Nur zum Schein heilig. Denn wir tun besser, als wir in Wirklichkeit sind und vor dem Anderen gebärden wir uns als der moralisch Überlegene. Erbärmlich! Alles aber, was wir erkennen, gerade auch das von uns Abgelehnte und Verurteilte, alles hat mit uns selbst zu tun. Denn das antike Geistesgesetz lautet: „Nur Gleiches erkennt Gleiches!". Wie schlicht Jesus diese Zusammenhänge auszudrücken vermochte. Man selbst trägt eine Eigenschaft oder ein Verhalten in sich, erlaubt es sich aber nicht, zu leben, und wenn wir auf Jemanden treffen, der es auslebt, fallen wir verbal über ihn her und diffamieren sein unmögliches Auftreten. Unsere Ablehnung ist eigentlich Missgunst. Es ist, wie Jesus in seinem Gleichnis beschreibt. Wir selbst tragen dasselbe in uns und sehen gelassen darüber hinweg, was wir beim Anderen nicht übersehen wollen. Und jetzt kommt die gute Nachricht: weil das Problem nicht wirklich bei dem Anderen liegt, sondern in uns selbst, können wir es auch ändern. Wir müssen uns selbst nur bewusst werden über das, was wir da als Balken in uns selbst tragen. Dann werden wir selbstbewusst und stark, weil wir uns selbst erkennen und nicht mehr so kleinlich an unserem Nächsten herumkritisieren müssen, was wir uns selbst nur nicht erlauben, auszuleben. Jesus möchte, dass der überhebliche Kritiker in uns heilt. Lassen Sie uns unsere eigenen Balken in uns entdecken und bearbeiten, bis wir mit uns selbst besser umzugehen lernen, dann können wir auch mit den vermeintlichen Schwächen unserer Mitmenschen souveräner umgehen.

Der Feind in mir

Matthäusevangelium 5,43f.

Jesus: „Ihr wisst, dass es heißt: 'Liebe deinen Mitmenschen; hasse deinen Feind.' Ich aber sage euch: Liebt eure Feinde und betet für alle, die euch verfolgen".

Auslegung

Wenn Sie einen Feind haben und diesen Zustand auch aushalten können, ohne daran zu zerbrechen, dann gelten Sie als „erwachsen". Bilden Sie sich selbst eine Meinung zu dieser Weisheit. Natürlich kann es gut sein, nicht erpressbar zu sein, sich nicht anbiedern zu müssen, wenn man uns nicht mag. Oder wenn wir es aushalten, wenn sich Menschen von uns distanzieren, ohne dass wir wissen, warum das so ist. Dann ist es natürlich ein Zeichen von Erwachsensein, diese undurchsichtigen Konfliktlagen nicht zwanghaft klären zu müssen. Dann kann man auch mal gegenhalten und sich die eigene Existenzberechtigung selbst geben, ohne sie von den Rivalinnen oder Gegnern einzufordern. Das lässt uns von manchen ungeliebten Zeitgenossen souverän und unabhängig sein. Dann sollte man auch mal unbeugsam sein und seinen eigenen Weg gehen. Man findet in der Nähe hoffentlich Verbündete, die einen stärken. Jesus meint mit seiner radikalen Aufforderung, den Feind zu lieben, aber mehr als einen psychologischen Trick. Er schenkt uns die Möglichkeit, über unsere Persönlichkeitsgrenzen hinauszuwachsen. Denn der Feind, der auch unser Mitmensch ist, hat etwas mit uns gemeinsam. Er ist geheimnisvoll mit einem Teil von uns verbunden. Denn es hat einen Grund, dass da einer ist, der von uns in den Status „Feind" eingestuft wird. Wir haben mit unseren Feinden mehr zu tun, als uns lieb ist. Man könnte geradezu behaupten, jeder Feind ist unser Lehrer. Denn all das, was wir uns verbieten, zu leben oder auszuleben, das finden wir, wenn es ein Anderer tut, so unmöglich, dass wir ihn dafür ablehnen müssen. Was wir mit einem großen Aufwand von Energie in uns selbst unterdrücken, das darf auch kein anderer einfach so ungestraft ausleben. Wenn Sie sich z.B. eigentlich dafür schämen, erkannt zu haben, dass Sie ein kleiner zwanghafter Erbsenzähler sind, werden Sie das verdrängen, weil die Mitmenschen das gar nicht honorieren, wenn Sie so sind. Wenn Sie jetzt einem begegnen, der so lebt, wie Sie es in sich ablehnen, dann brennt es vielleicht mit Ihnen durch und Sie könnten bei einer solchen Begegnung so etwas wie Hass empfinden. Sie finden den Anderen unmöglich und wollen mit ihm nichts zu tun haben. So ist das „Fremdschämen" ein guter Hinweis darauf, ob da jemandem etwas passiert, das Sie von sich selbst auch kennen. Ablehnung eines anderen hat immer mit der Beziehung zu tun, die Sie zu sich selbst führen. Deshalb sagt ein Feind über Sie selbst mehr aus, als über den anderen. Ein Feind zeigt, an welcher Stelle wir mit uns selbst verfeindet sind. Der Neid und der Geiz sind auch interessante Felder, an denen man das einmal an sich selbst testen kann. Jesus möchte, dass wir in uns selbst Frieden und Versöhnung mit uns selbst finden. Deshalb rät er uns etwas wirklich Spektakuläres, wenn er uns in Lk 6,27.28 zu unseren Feinden einen entscheidenden Tipp gibt*: „Euch, die ihr mir zuhört, sage ich: Liebt eure Feinde; tut denen Gutes, die euch hassen; segnet die, die euch verfluchen, und betet für alle, die euch schlecht behandeln."* Denn er weiß, dass wir in uns selbst heilen, wenn wir die segnen, die uns durch ihr Feindsein zeigen, dass in unserem Herzen etwas entzweit ist. Es wäre doch einen Versuch wert, auf einen gehassten Menschen ganz anders zu reagieren, als es in der Menschheitsgeschichte normalerweise geschieht. Die Feinde lieben, ihnen Gutes tun, sie segnen und für sie beten, statt sie zu hintergehen, sie zu verachten, über sie zu lästern und sie zu schmähen. Vielleicht passiert in unserem Herzen etwas Geheimnisvolles, wenn wir der Idee von Jesus einmal wirklich folgen.

Christen als der Geschmack und das Licht der Welt

Matthäusevangelium 5,13-16:

Jesus: „Ihr seid das Salz der Erde. Wenn nun das Salz nicht mehr salzt, womit soll man salzen? Es ist zu nichts mehr nütze, als dass man es wegschüttet und lässt es von den Leuten zertreten.

Ihr seid das Licht der Welt. Es kann die Stadt, die auf einem Berge liegt, nicht verborgen sein. Man zündet auch nicht ein Licht an und setzt es unter einen Scheffel, sondern auf einen Leuchter; so leuchtet es allen, die im Hause sind. So lasst euer Licht leuchten vor den Leuten, damit sie eure guten Werke sehen und euren Vater im Himmel preisen."

Auslegung

Nach Jesus sind alle gläubigen und spirituell offenen Menschen wie das Salz der Erde. Sie sind wie das Licht der Welt. Wir sind hier also gemeint, wenn wir positive spirituelle Krieger des Lichts[10] sind. Das sind wir, wenn wir Sucher des Göttlichen sind und über die sichtbare Materie hinaus mit einem Seinsgrund rechnen. Vielleicht meinen wir, ihn hier und dort schon einmal gefunden zu haben, ihn in seiner Reinform gespürt oder in einem Gipfelerlebnis erfahren zu haben, wie groß und liebevoll annehmend seine Energie ist. Oder wir haben in einer Lebenskrise sein Wirken gespürt, wie er uns die rechten Menschen zur rechten Zeit geschickt hat und auf diese Weise Synchronizitäten geschaffen hat, die einem Wunder gleich kommen. Dann haben wir erst im Nachhinein die Zusammenhänge erblickt und waren ganz tief im Herzen überzeugt, ihm begegnet zu sein und seinem Wirken zugeschaut zu haben. Das beseelt uns so, dass das Herz voller Gesang und

---

[10] Paulo Coelho: „Handbuch des Kriegers des Lichts"

Gotteslob ist und der Körper tanzt. In dieser Rolle als Gottessucher sind wir ein Vorbild für die anderen Menschen, auch in unserem Verhalten gegenüber unserem Schicksal. Schicksal ist nämlich das, was wir daraus machen. Wenn man von uns weiß, dass wir geistliche Menschen sind, schaut man uns zu, wie wir mit Schicksalsschlägen oder moralischen Problemen umgehen. Wenn wir wie alle anderen reagieren, unterscheiden wir uns nicht wirklich von ihnen. Wenn man uns die besondere Verbindung zum Göttlichen nicht anmerkt, wenn es ernst wird, dann salzt das Salz nicht mehr. Das Salz der Erde und Licht der Welt zu sein, bringt in der Tat eine gewisse Verantwortung mit sich. Wenn wir uns und unseren Glauben lediglich über unsere Religionszugehörigkeit definieren, ist es zu wenig, zu salzen und zu leuchten. Denn das Göttliche, das Jesus mit dem aramäischen „Abba", das heißt „Papa", so vertraut angesprochen hat, das hat keine Religion! Denn Religionen sind auf Abgrenzung bedacht. Das Göttliche in Form des allumfassenden Lichts ist aber in allen Lebewesen des Universums gleichermaßen zu Hause, im sogenannten göttlichen Funken. Dieses Wissen teilen die Mystiker aller Religionen gleichermaßen durch alle Zeiten hindurch, seien es muslimische Sufis, jüdische Anhänger der Kabala oder christliche Mönche wie Meister Eckhart. Mystiker bewundern das Göttliche in sich gemeinsam und um sich herum, ohne dem Anderen eine Religion aufzuzwingen. Mystiker aller Religionen kommen in Frieden zusammen, weil es ihnen um das Göttliche auch in ihnen selbst und dem anderen geht. Aber politisch orientierte Religiöse, die die Macht über andere wollen, oder auf „Teufel komm raus" missionieren müssen, sind nicht Licht der Welt und Salz der Erde. Sie salzen nicht und leuchten nicht. Sie führen Krieg! An den Früchten sollen uns die Menschen erkennen. An unserem Salz sollen sie uns schmecken und in unserer Ausstrahlung sehen und erkennen. Die Früchte Frieden und Nächstenliebe sind dabei die Meilensteine des Göttlichen. An ihnen kommt niemand vorbei, der sich spirituell nennt. Sie salzen die Erde und leuchten vom Berg aus. Frieden und Nächstenliebe: Oft merkt man erst, wenn sie fehlen, dass sie einmal vorhanden waren. Salz und Licht haben eines gemeinsam. Sie lösen sich auf oder verzehren sich, wenn sie salzen und scheinen. Spirituelle Menschen verzehren sich in tiefer Hingabe an ihren Auftrag und sollen so die Wärme in die Welt tragen und den Menschen herzlich dienen. Auch die Diakonie der Kirche leuchtet durch ihre Dienste für den Armen, Kranken und Alten. So bringt die Kirche Frieden und Nächstenliebe in die Welt, so auch die Synagoge und die Moschee. Erhalten wir diese Dienste durch unsere Solidarität. Ich möchte keine Erde ohne Salz und die Welt nicht ohne Licht erleben.

Unser Bewusstsein bestimmt die Materie

Sirach 15,17 (apokryph)

Der Mensch hat vor sich Leben und Tod; was er davon will, das wird ihm gegeben werden.

Auslegung

Ich habe kürzlich eine eigenartige Erklärung für die unterschiedlichen Lebenserwartungen von Frauen und Männern gehört, die mir zu diesem Wort von Sirach wieder einfiel. Es wurde die These vertreten, dass Männer deshalb eine deutlich niedrigere Lebenserwartung haben als Frauen, weil für sie das „lebenswerte" Leben, innerlich gefühlt, früher zu Ende ist, als für die meisten Frauen. Der Mann bestimmt innerlich vielleicht früher, dass das Leben seine Süße, seinen Reiz, seine Herausforderung und seine Erfüllung verloren hat. Das tut er angesichts von zunehmenden Mühen, Schmerzen, Plagen und Unannehmlichkeiten, die das Alter mit sich bringen kann. Allein die Suizidrate liegt bei den Senioren höher als bei den Seniorinnen. Diese älteren Frauen sind doch meist sozialer eingebunden, allein, wenn Enkel zu betreuen sind. Frauen fühlen sich in diesen sozialen Bezügen, emotional gesehen, mehr „zu Hause" als vielleicht die Männer desselben Alters. Außerdem scheint für Frauen das Leben nach eigener Einschätzung eben erst in höherem Alter und sogar erst unter härteren Bedingungen seine Süße zu verlieren. Sie sind vielleicht bescheidener, belastbarer und geduldiger. Männer hingegen scheinen leichter reizbar, schnappen ein und reagieren auf Grenzen eher aggressiv. Vielleicht entsteht so in den leidenden und betagten Männern dann eher der Wunsch, ja sogar der Entschluss, zu sterben und das Leben zurückzugeben und zu gehen. Das sind alles nur Vermutungen eines Theologen. Mir fällt dazu eine geheimnisvolle Aussage von Theaterregisseur Christoph Schlingensief ein, wonach er selbst zu tief in eine Todesrolle in Richard Wagners Musik, dem Parsifal, eingetaucht ist und sich auf diese Weise zu sehr auf die Welt der Toten eingelassen hatte! Daraus entwickelte sich, nach seiner eigenen Annahme, seine Krebserkrankung, an der er dann auch wenig später starb.[11] Vielleicht verstehen wir vor diesem Hintergrund Jesu harten Ausspruch in Lk 9,60 besser: „Lass die Toten ihre Toten begraben." Als würde er daraufhin weisen, dass die Toten einzig zu den Toten gehören und die Lebenden das Lebendige vor Augen haben sollten, um nicht zu früh Teil der Gruppe der Toten zu werden. Was der Mensch wählt, weil er es will, sei es Leben oder Tod, das wird der Mensch nach Sirach bekommen. Ist es nicht unheimlich, wieviel Einfluss das Bewusstsein des Menschen offenbar auf die Wirklichkeit hat. Es kann in bestimmten Fällen auch den Tod bringen. Beherrscht der Geist die Materie doch stärker, als uns lieb ist? Mich macht das sehr nachdenklich.

[11] Christoph Schlingensief: „So schön wie hier kanns im Himmel gar nicht sein!", S. 171

An sich denken

Sirach 14,11ff. (apokryph)

Mein Kind, tu dir selbst so viel Gutes an, wie du kannst und gib Gott die Opfer, die ihm gebühren....versäume keinen fröhlichen Tag und lass dir die Freuden nicht entgehen, die dir beschieden sind...Schenke und lass dich beschenken und gönne dir, was dir zusteht; denn, wenn du tot bist, so hast du nichts mehr davon.

Auslegung

Wir gehören zur Gattung homo sapiens und jeder hat einen anderen Namen und eigene Eltern. Aber auch als diese Gattung, Individuen und Kinder unserer Eltern haben wir doch mehr mit dem zu tun, der sich uns ausgedacht hat. Jesus ist in dieser Hinsicht das beste Beispiel für jemanden, der die Ursache und die Bestimmung seiner Existenz in sich vereint. Er ist ganz Mensch und auch ganz Gott. Ist es nicht ein und dasselbe? Ganz Mensch zu sein, bedeutet aber doch auch, den gänzlich in sich zu haben, von dem der Mensch ausgegangen ist: Gott. Wenn wiederum in Gott alles ist, was ist, er also der Urgrund des Lebens, schlechthin allen Lebens ist, dann ist er eben auch in uns. Der Schöpfer kann nicht getrennt von seinem Geschöpf gedacht werden. Auch, wenn wir den, der es gemacht hat, nicht in Gänze begreifen, erkennen wir ihn auch in uns, in unserem Menschsein. Das ist übrigens der Gedanke der Weihnacht. Gott macht sich in einem kleinen Säugling sichtbar. Warum sollte man Gott nicht auch in einem anderen Säugling erkennen, ja sogar in jedem Säugling? Ich glaube, wir können das Göttliche in dem erkennen, was wir menschlich nennen. Und deshalb ist es nicht eigenartig, dass Sirach den Menschen direkt anspricht, selbst dafür zu sorgen, dass es ihm gut geht: Mein Kind, tu dir selbst so viel Gutes, wie du kannst.“ Hören Sie die Maßlosigkeit? Aber auch die Grenzen? Denn tun Sie sich selbst so viel Gutes, wie Sie nur können, nach Ihren Möglichkeiten! Es ist, so glaube ich, kein Aufruf zu hedonistischem, grenzenlosem Schwelgen in Überfluss und Verschwendung. Denn heute wissen wir, dass uns das nicht gut tut. Wir sollen uns nur so viel Gutes tun, wie uns auch wirklich gut tut. Im gleichen Atemzug lässt er uns an Gott denken. Wir sollen keine Fröhlichkeit versäumen, keine Freude soll uns entgehen. Gönn´ Dir was! Vielleicht meldet sich unser Geizgefühl? Spüren Sie den christlichen Hang zur Askese dahinschmelzen? Hier wird aber nicht dem Egoismus gefrönt. Denn wir sollen uns nicht nur beschenken lassen, sondern auch schenken! Welcher Typ sind Sie? Können Sie eher schenken oder sich eher beschenken lassen? Ist es Ihnen unangenehm, wenn Jemand sich wirklich Gedanken um Sie gemacht hat und Ihnen etwas Schönes schenkt. Beschämt Sie das? Aber auch in diesem Teil von der Gönnerrede Sirachs besteht eine Grenze: „gönne Dir nur, was Dir zusteht!“ Wissen wir, was uns zusteht? Deckt sich das, was wir uns gönnen, mit dem, was wir verdienen? Oder nehmen wir immer neue Kredite auf, nicht nur bei der Bank, sondern auch bei unserer Gesundheit und unserem Körper? Sirach will unseren Geiz und unsere Bedenken aufbrechen. Er will, dass wir uns und anderen etwas Besonderes von Herzen gönnen, ohne das Gefühl zu haben, dadurch ärmer zu werden. Das erreichen wir nicht ohne die Liebe. Denn alles, was hier materiell um uns ist und auch unsere weltliche Präsenz, ist zeitlich begrenzt, auch wenn wir ein Teil Gottes sind. Durch dieses „begrenzt sein“, ist es wertvoll. Gönnen Sie es sich und damit auch den Anderen von Herzen in Liebe, bis das große Spiel im hier und jetzt zu Ende ist!

Gott sehen

Exodus 33, 22f.

Gott: „Wenn meine Herrlichkeit vorüberzieht, werde ich dich in einen Felsspalt stellen und dich mit meiner Hand bedecken, bis ich vorüber bin. Dann werde ich meine Hand wegnehmen und du kannst mir nachschauen. Aber von vorn darf mich niemand sehen."

Kommen Sie sich auch manchmal komisch vor? Sie glauben mehr oder weniger an einen Gott, den man nicht sehen kann! Diese Unsichtbarkeit Gottes ist ein häufiger Grund für Zweifel an der Existenz dieses Gottes - verständlich, dass sich ihm nicht jeder anvertraut. Und wir können niemandem zeigen, dass Gott, wie wir ihn meinen, hier oder da ist. Uns bleibt nur das Gespür seiner Nähe, wenn er es denn ist, den wir spüren. Ebenso ist es ein beängstigendes Gefühl, wenn wir nicht wissen, wo denn unser persönlicher Lebensweg hinführt, den wir Gott anvertraut haben. Wohin führt er mich? Was wird morgen bringen - wie wird die allernächste Geschichte gebildet, deren Teil ich bin und zu deren Verlauf ich durch meine Entscheidungen beitrage? Gibt es nicht auch da mehr Fragezeichen als Antworten? Oft sind wir uns auch nicht im Klaren, was wir gegenwärtig erfahren oder warum wir es erfahren. Diese Unsichtbarkeit Gottes und die Unsicherheit über die eigene Lebenssituation beschäftigen aber nicht nur uns heute. Kein geringerer als Mose selbst, der das Volk Israel im Auftrag Gottes aus der Gefangenschaft in Ägypten heraus geführt hatte, stellte sich auch diese Frage: "Wie sieht Gottes Angesicht denn aus? Wie nur kann ich klar erkennen, was er mit mir vorhat?" Im Buch Exodus lesen wir davon. Gott hält Mose seine Hand vors Gesicht, damit er ihn nicht sieht. Moses Aufgabe ist es zunächst, sich das gefallen zu lassen - er kann nur in Richtung Gottes zur Hand sehen. Er muss darauf vertrauen, dass erst, wenn Gott die Hand wegnimmt, er weiter sehen kann. Erst im Rückblick wird Mose klar, was er da erlebt hat. Wenn wir also in einer Lebenssituation sind, in der wir verwirrt sind und nicht wissen, wie es weiter geht, dann kann es uns Angst machen. In Zeiten der Traurigkeit z.B. über den Verlust eines geliebten Menschen, des Übergangs zum Erwachsenwerden oder in Zeiten der inneren Heilung ist es schwer, eine Perspektive zu haben. Vielleicht haben wir eine Aufgabe des Lebens noch nicht begriffen. Oder wir sind mittendrin, diese Aufgabe zu erfüllen und haben noch keinen Überblick über das Ergebnis. So ist es unser Kontrollbedürfnis, das sich in dem Drang äußert, über alles, was vor sich geht, genau Bescheid wissen zu wollen. Wir sind aber begrenzte Menschen. Wir können nicht alles zu jedem Zeitpunkt wissen. Und Verwirrung und Haltlosigkeit ist kein bleibender Zustand. Die Zeit wird kommen, in der wir sehen können, was wir von Gott lernen sollten. Zu gegebener Zeit, zur rechten Zeit, gewiss, werden wir es erkennen. Dann können wir vielleicht im Rückblick sagen: "Dort, damals, da war Gott. Das Erlebnis damals, das war wichtig für meine innere Heilung - und Gott war mittendrin bei mir und hat mich getragen." Aber erst, wie Mose, im Nachhinein, sehen auch wir klarer. Und dazu brauchen wir Geduld und Ausdauer und Vertrauen, dass alles, was passiert, vielleicht doch einen Sinn hat. Und dann sehen wir hinter Gott her und stellen fest, dass er doch da war.

Sich selbst verwöhnen

Prediger 7.9

Darum iss dein Brot und trink deinen Wein und sei fröhlich dabei! So hat es Gott für die Menschen vorgesehen und so gefällt es ihm.

Auslegung

Das kennen wir ja schon: in unserer konsumorientierten westlichen Christenheit, z.B. im Wohlstandsdeutschland, Österreich und der Schweiz, wissen die Menschen, wie man feiert. Da wird nicht schlicht Brot gegessen oder „irgendein" Wein getrunken. Unser Wohlstand ermöglicht es uns, gute Butter auf das Brot zu schmieren, vielleicht sogar regelmäßig essen zu gehen. Das ist in anderen nichteuropäischen Ländern der Gegenwart anders. Der Reichtum, der dazu nötig ist, um sich heute so etwas gönnen zu können, will aber auch erarbeitet und verdient sein. Nicht selten ist es ein „Hamsterrad der Arbeit", in das wir geraten, um unseren täglichen Lebensunterhalt zu erwirtschaften. Wenn wir uns selbst in die Lage arbeiten, nur noch mit einem Tunnelblick durch den Alltag zu gehen, dann wissen wir nicht mehr, wofür wir eigentlich so hart arbeiten. Das morgendliche Aufstehen macht dann einfach keinen Spaß mehr und man fühlt sich zunehmend gehetzt. Keine Zeit zu haben, wird für unseren Alltag zum bestimmenden Lebensgefühl. Die Bibel erinnert uns an einen wichtigen Regulator unserer Arbeitsfähigkeit, damit daraus nicht Arbeitswut wird. Neben dem Genuss von Brot und Wein sollen wir fröhlich sein. Brot essen und Wein trinken: das können wir auch mechanisch im „Hamsterrad". Da essen wir unangenehme Spannungen und Angstgefühle einfach weg, ohne sie dadurch wirklich zu bewältigen. Oder wir trinken abends so manches Glas Wein, damit wir unseren Stress und seine körperlichen und seelischen Folgen ignorieren. Wir tun das vielleicht auch, um betäubt einzuschlafen. Aber die Fröhlichkeit, die Lebenslust und die

Leichtigkeit haben wir längst verloren und können sie auch nicht einfach durch Essen oder Trinken herbeizaubern. Da gilt es, auf die Bremse zu treten. Dann sollten wir wieder innehalten und die eigene Langsamkeit entdecken. Denn es könnten ja auch wieder Kleinigkeiten sein, die uns Freude bereiten und auch die Arbeit sollte wieder das werden was sie ist: Grund der Freude und der Grund unseres Lebensunterhalts, damit wir unser Leben wieder als fröhliche Menschen erleben. So hat Gott es für uns vorgesehen. So sollte man „immer etwas haben, worauf man sich freut."[12] Wer sich nicht mehr des Lebens freuen kann, muss etwas ändern, um gesund zu bleiben!

[12] Eduard Möricke

Genieße deine Jugend

Prediger 11, 9

Freu dich junger Mensch! Sei glücklich, solange du noch jung bist! Tu, was dir Spaß macht, wozu deine Augen dich locken!

Auslegung

Erinnern Sie sich noch daran, wie es war, als Kind durch den hohen Klee zu laufen, die nasse Wiese unter den Füßen zu spüren, den Sonnenaufgang zu beobachten, so ausgelassen und fröhlich durch die Gegend zu hüpfen und sich des Lebens zu freuen? Wie schmeckte Ihr erstes frisches Brötchen oder der erste Löffel Honig? Wie fühlten sich die ersten bewussten Sonnenstrahlen auf der Haut an? Erinnern Sie sich an das ausgehungerte aber erfüllte Gefühl nach einem Tag auf Schlittschuhen? Oder kennen Sie noch das Gefühl im Bauch beim ersten wilden Schaukeln oder bei den ersten Zügen zu schwimmen oder bei voller Geschwindigkeit den Berg hinunter zu rodeln. Das alles ist, so glaube ich, die häufigste Ursache für den von Kindern geäußerten Ausspruch: „Noch mal!" Diese Aufforderung des Kindes ist geradezu ein Beweis, dass da Jemand das Leben, die eigene Kindheit sehr genießt. „Freu Dich junger Mensch", so der Prediger. Er betont das Jungsein. Das ist verständlich, denn man ist beweglich, schnell, biegsam, wendig und macht viele Dinge zum ersten Mal. Übertragen wir diesen Appell auf die Jugend oder das frühe Erwachsenwerden, ist es die Vorfreude auf viele schöne Dinge. All dies ist, in Maßen gelebt, Ausdruck von reiner Lebensfreude. Deutlicher als der Prediger kann man es nicht sagen, was diese beiden Worte bedeuten: „Carpe Diem"! Nutze den Tag! Wenn wir den Prediger weiterlesen, stoßen wir auf Vers 10 und lesen eine Eingrenzung der zunächst ausgesprochenen Aufforderung: *„Aber vergiss nicht, dass Gott* *für alles von dir Rechenschaft fordern wird. Halte dir den Ärger von der Seele und die Krankheit vom Leib. Jugend und dunkles Haar sind so vergänglich.*" Wir sollen bedenken, dass wir Gott, aber auch unserem Körper und unserer Seele gegenüber verantwortlich sind. Denken Sie daran, dass wir einen Teil Gottes in uns tragen, wir also früher oder später an uns selbst und unseren Handlungen den Maßstab des Gelingens oder des Misslingens anlegen müssen und unser Leben selbst beurteilen müssen. Finden wir also schon als junge Menschen eine liebende Art, den Körper und die Seele vor einem ZUVIEL zu schützen. Zuviel Alkohol, zu viel essen, zu viel...und dann werden wir, die wir alle einmal jung waren und dachten, alt seien immer nur die anderen. Auch für diese Lebensphase möchte uns der Prediger 12,1f. vorbereiten: *„Denk an deinen Schöpfer, solange du noch jung bist, ehe die schlechten Tage kommen und die Jahre, die dir nicht gefallen werden. Dann verdunkeln sich dir Sonne, Mond und Sterne und nach jedem Regen kommen wieder neue Wolken.*" Das ist vielleicht so, wenn wir älter werden. Das ist eben der Lauf der Dinge und jedes Geborensein ist schon auf dem Weg zum Sterben. Unsere starken und umfänglichen Lebenserfahrungen lassen uns manches schon im Vorhinein wissen, was kommen wird. Das 53. Weihnachtsfest birgt nicht mehr die Vorfreude des siebten Festes in sich. Es besteht die Gefahr der Langeweile. Deshalb vergeht die Zeit auch schneller als in der Kindheit! Man weiß schon, was kommt. Der 70. Geburtstag wird nicht so ersehnt wie der 18. „Und wenn erst die eigene Mutter tot ist, ist das Leben nicht mehr so schön wie vorher", sagte einmal meine Mutter. Das meint ja den Tod aller Bezugspersonen, von denen man geliebt wurde, wie Tante, Onkel, Oma, Opa, Mama, Papa, ältere oder jüngere Geschwister. In Zeiten des Jugendwahns ist Altern eben nichts für Feiglinge.[13] Aber auch dafür wird Gott uns den eigenen Weg und unseren Umgang damit vorbereiten, wenn wir es ihm gestatten.

[13] Vgl. Joachim Fuchsberger: „Altwerden ist nichts für Feiglinge"

Gottes Verzeihen

Micha 7,19

Gott, du wirst mit uns Erbarmen haben und alle unsere Schuld wegschaffen; du wirst sie in das Meer schaffen, dort, wo es am tiefsten ist.

Auslegung

Ich habe einmal einen wichtigen Termin übersehen und eine Verabredung nicht eingehalten, weil ich abgelenkt war und die Menschen, die sich auf mich verlassen hatten, verunsichert wurden und für mich einspringen mussten. Vielleicht kennen Sie das auch aus Ihrem Leben? Wenn Sie einen Fehler gemacht haben und andere Menschen von Ihrem Fehler betroffen sind, dann haben unsere Fehler auch oft eine (negative) Wirkung auf unsere Mitmenschen. Wie gehen wir mit unseren Fehlern um? Die Bibel ist z.B. nicht nur ein Buch der Geschichte von Gottes Dasein und Wirken in der Geschichte, sondern auch eine Darstellung der Fehlerneigung des Menschen. Nur, dass die Bibel "Fehler" mit dem Begriff "Sünde" benennt. Und wenn ein Mensch von sich sagt, er sei ein gläubiger Mensch, dann bringt das eben eine gewisse Verantwortung mit sich: Nicht, dass er fehlerfrei zu sein hätte, sondern die Bibel stellt ihm zwei Fragen: „Wie handelst Du mit deinen Mitmenschen, wenn dir ihnen gegenüber ein Fehler passiert ist?" Und: „Wie klärst Du die Beziehung zu Gott, wenn Du Dich als Sünder entdeckst?" Weichen Sie aus und kehren den begangenen Fehler unter den Teppich? Schieben Sie die Schuld auf andere? Vielleicht schieben Sie die Schuld gerade auf die, die eigentlich selbst von Ihrem Fehler negativ betroffen sind? Oder wagen Sie es, Ihren Fehler einzusehen und sich zu entschuldigen. Vielleicht geben Sie eine Erklärung ab, warum der Fehler passiert ist, um auf diese

Weise die Beziehung zu dem Menschen oder zu Gott wiederherzustellen. Und dann ist da noch die Neigung, sich selbst nicht verzeihen zu können. Da sagt tief in uns eine anklagende Stimme: "Du darfst keine Fehler machen", nach dem Motto: "es kann passieren, aber es darf nicht passieren!" Vielleicht versuchen wir deshalb viel zu oft, unsere Fehler lieber zu vertuschen und uns selbst zu rechtfertigen und lieber herauszureden, als es einfach zuzugeben. Das Prophetenwort im Buch Micha will uns Mut machen, unsere Fehler eher zuzugeben und sie ans Licht zu bringen, als sie zu verstecken. Dieses Bild tut so gut: Gott wirft unsere Sünden, wenn sie uns leid tun, in die Tiefen des Meeres, an die tiefste Stelle. Könne Sie sich vorstellen, dass Sie einen Gegenstand, den Sie an der tiefsten Stelle ins Meer werfen, je wiederfinden können? Ich kann es mir nicht vorstellen. Und so auch Gott: Wenn er vergibt, dann ist es vergeben. Lassen Sie uns doch Gott zum Vorbild nehmen und unsere vor ihm dargelegte Schuld nicht wieder und immer wieder herauskramen, sondern sie dort lassen, wo Gott sie hingetan hat. Im tiefsten Meer findet sie keiner mehr. Und das, was uns jetzt bedrückt, können wir gemeinsam mit anderen Gläubigen im Abendmahl Gott in die Hand legen, damit er es an die tiefste Stelle im Meer werfe.

Im Sterben geborgen sein

Matthäus 28,5-7

Der Engel sagte zu den Frauen: „Ihr braucht keine Angst zu haben! Ich weiß, ihr sucht Jesus, der ans Kreuz genagelt wurde. Er ist nicht hier, er ist auferweckt worden, so wie er es angekündigt hat. Kommt her und seht die Stelle, wo er gelegen hat. Und jetzt geht schnell zu seinen Jüngern und sagt ihnen, ‚Gott hat ihn vom Tod auferweckt'! Er geht euch voraus nach Galiläa, dort werdet ihr ihn sehen. Ihr könnt euch auf mein Wort verlassen".

Auslegung

Eines Tages rief mich eine Schwester eines Pflegeheimes an, das ich betreute und sie war sehr angespannt. Sie sagte: „Frau M. liegt im Sterben, aber sie kann nicht gehen". Die Tochter ist bei ihr und beide halten einander fest, die Qual wird immer größer, sie können nicht loslassen, bitte kommen Sie zu uns!" Der Gesundheitszustand von Frau M. war schon längere Zeit nicht gut und ich war schon öfter bei ihr, um ihr beizustehen. Sie war schon 94 Jahre alt! Jetzt aber schien es ernst zu werden. Ich konnte nicht sofort alles stehen und liegen lassen, denn ich hatte noch andere Trauergespräche und konnte diese nicht absagen. So ging ich innerlich ins Gebet und plötzlich war da wieder dieses eigenartige Gefühl in mir, mit dem ich plötzlich intuitiv „wusste", dass Frau M. heute sterben wird. Ich spürte dann, wie schon öfter auf dem Weg zu Sterbenden, dass ich auch diesmal auf dem Weg zu Frau M. nicht „alleine" war. Ich fühlte mich in Begleitung. Natürlich meine ich nicht einen Begleiter aus Fleisch und Blut, sondern Wesen, die ich als Engel bezeichnen möchte. Als würden sie nicht allein gehen wollen, sondern meine Mithilfe benötigen. Ich lachte bei diesem eitlen Gedanken über mich selbst.

Und dann kam ich im Zimmer von Frau M. an. Da lag sie mit offenem Mund, schwer atmend und neben ihr eine Frau, ihre Tochter. Diese hielt die Hand der Mutter ganz fest. Ich ging zu der Tochter und sofort wandte sie sich mir zu und erzählte von den letzten Stunden und den Tagen zuvor und dass sie auf mich gewartet hätte, denn eigentlich wäre jetzt die Enkelin mit der Begleitung der Mutter dran. Und dann, als wir ganz tief im Gespräch waren, atmete es tief neben uns aus. Wir unterbrachen unser Gespräch, schauten zur Mutter und wir wussten: Die Mutter geht gerade. Als hätte die Mutter die Unachtsamkeit der Tochter ausgenutzt, weil diese sich mir im Gespräch zuwandte. Oder haben meine Begleiter, die Engel, die Ablenkung der Tochter genutzt, um den Kontakt zur Sterbenden zu verdichten und sie mit ins Licht zu Jesus mitzunehmen? Die Tochter wollte sich schon Vorwürfe machen, dass sie die Mutter kurz außer Acht ließ, da beruhigte ich sie mit meiner Erfahrung, dass Sterbende leichter gehen können, wenn ihre Liebsten nicht so dicht bei ihnen sind. Da holt man einen feuchten Lappen aus dem Waschraum, ist nur kurz nicht am Sterbebett, da ist der im Sterben Liegende plötzlich gegangen. Und zwar gerade, weil wir nicht bei ihnen präsent sind. Es ist unseren Lieben oft zu schmerzlich, uns sehenden Auges zu verlassen. Lasst uns den Glauben an unsere Engel nicht verlieren. Sie bleiben unsere verlässlichsten Helfer! Auf ihr Wort können wir uns verlassen.

Gott näher kommen

Psalm 65,3-6

Du, Gott, erhörst Gebete, darum kommen alle Menschen zu dir. Die Verfehlungen lasten zu schwer auf uns, aber du kannst uns die Schuld vergeben. Wie glücklich ist jeder, den du erwählst! Er darf in deine Nähe kommen und in den Vorhöfen deines Tempels wohnen. Wir möchten all das Gute genießen, das wir in deinem Heiligtum bekommen. Gott, unser Retter, du hältst uns die Treue, du antwortest uns durch ehrfurchtgebietende Taten.

Auslegung

Haben Sie das gehört? Der Psalmist, ein Beter, hat drei Ermutigungen, die er uns heute mit auf den Weg geben möchte: Er ist davon überzeugt, dass Gott Gebete erhört. Zunächst meint er ein bestimmtes Gebet, denn er sagt: „Du, Gott, erhörst Gebete, darum kommen alle Menschen zu dir. Die Verfehlungen lasten zu schwer auf uns, aber du kannst uns die Schuld vergeben." Das erste, was wir Menschen im Gebet tun können, ist, das Trennende zwischen Gott und uns ihm selbst zu erzählen, weil es uns zu schwer ist. Dann wird er uns vergeben. Das versichert uns der Beter und so tut es Gott dann auch: Er vergibt gerne, was uns belastet. Er ist barmherziger, als wir uns das von ihm vorstellen können. Und auf ihn ist Verlass! Wenn das Gute, das wir ja wollen, doch nichts Gutes bewirkt und es misslingt, dann kann plötzlich aus dem guten Vorhaben etwas Schlechtes werden, z.B. eine Verletzung für einen Mitmenschen. Und dann sagen oder denken wir oft: „Ich habe es doch nur gut gemeint." Gott vergibt uns. Als zweites freut sich der Beter und jubelt: *„Wie glücklich ist jeder, den du erwählst! Er darf in deine Nähe kommen und in den Vorhöfen deines Tempels wohnen."* Sehen Sie im Gebet auch den

Thronsaal Gottes vor sich, wie dieser Beter? Wo stehen Sie, wenn Sie Gott etwas bitten? Stehen Sie vor den Toren, im Vorhof, an Gottes Fußschemel, oder an Gottes Thronlehne? Manchmal lässt Gott uns Menschen Krisen und Nöte erleben – nicht, weil er uns bestrafen will, sondern weil er uns lehren will, näher zu ihm heran zu kommen. Und seid Jesu Tod am Kreuz dürfen wir auch als Laien tatsächlich näher zu Gott kommen. Denn zu alttestamentlicher Zeit war es dem Gläubigen nur erlaubt, in den Vorhof zu treten. Und nur der Priester hatte das Recht, zu opfern und einzig dem Hohepriester war es vorbehalten, das Allerheiligste einmal im Jahr zu betreten. Als Jesus am Kreuz starb, zerriss der Vorhang, der das Allerheiligste vor der Sicht der Gläubigen schützte entzwei (Mt. 27,51). Seither beruft uns Gott in seine absolute Nähe. Trauen Sie sich ruhig und gehen Sie zu ihm. Immer dichter, denn als Drittes stellt der Beter unseres Psalms fest: *„Wir möchten all das Gute genießen, das wir in deinem Heiligtum bekommen. Gott, unser Retter, du hältst uns die Treue, du antwortest uns durch ehrfurchtgebietende Taten."* Das soll uns heute Mut machen, alle Bitten vor Gott zu tragen, denn er wirkt Wunder, wo wir ihn durch Gebet und Lobgesang loben. Gott antwortet auf unser Rufen, bestimmt und so, dass wir staunen.

Ein Gipfelerlebnis

Lukasevangelium 24,29

Herr bleibe bei uns, denn es will Abend werden und der Tag hat sich geneigt.

Auslegung:

Lukas erzählt in einer Geschichte am Ende seines Evangeliums von den zwei Emmausjüngern: Zwei der Jünger Jesu gehen mit dem Auferstandenen Christus des Wegs, sie erkennen ihn aber nicht als ihren Herren, finden seine Nähe aber so schön, dass sie ihn bitten, als er sich verabschieden will, zu bleiben. Sie wollen ihn nicht wieder loslassen. Nach dem gemeinsamen Essen erkennen Sie ihn und bemerken, dass ihr liebendes Herz in ihnen brannte, als er zu ihnen sprach. Aber dann ist Jesus doch gegangen. Sie hatten etwas so Schönes mit ihm erlebt, dass sie ihn am liebsten festgehalten hätten. Ich zähle das Erlebnis der Emmausjünger zu den Gipfelerlebnissen. Davon hat man vielleicht eines im Leben, wenn es hoch kommt sind es vier oder fünf. Es ist die Zeit, in der sich Gott mir besonders nah zeigt, sei es in Zeiten des Unglücks oder des Glücks. Zu den Auslösern gehören Verliebtheit, Elternwerden, Trauer, Scheidung, Krankheit, Alterskrisen jeder Art oder das, an das Sie sich noch erinnern. Solche Zeiten sind immer besonders dichte Erlebniszeiten, in denen wir „zu Grunde gehen", also zum Grund unserer Seele, wenn uns etwas so aus der Bahn wirft, dass wir nicht mehr das Gefühl haben, Alltag zu erleben, sondern jeder Tag eine Herausforderung darstellt und man nicht weiß, wohin das führt: Zum Tod oder zum Leben. Die Emmausjünger hatten eine tiefe Trauerreaktion gezeigt. Alles, woran sie geglaubt hatten, worauf sie ihr weiteres Leben aufgebaut sahen, worauf sie sich ver - lassen hatten in ihrem Glauben, das endete am Kreuz Jesu. Doch mitten in diesen Trauermarsch findet sich ein gleißendes Licht ein: Der Auferstandene, den sie nicht erkennen, weil er bereits dabei ist, den Leib einer ewigen Dimension anzunehmen, geht neben ihnen. Jesus von Nazareth transformiert sich zu Christus, der die Ebene von Raum und Zeit und Materie gerade verlässt. Er ist noch ein letztes Mal körperlich bei ihnen. Sie erkennen den Leib dieser neuen Dimension noch nicht. Er ist anders und fremdartig. Und dann, wenn es vorbei ist, im Nachhinein, erkennen sie ihn. „Es war der Herr." Hattest du es nicht auch gespürt? Ganz unbewusst und nur intuitiv haben sie ihn durch seine Worte und das gemeinsame Essen erkannt. Erkennen wir nicht auch erst im Nachhinein, dass wir eine sehr besondere Zeit, eine sehr besondere Begegnung hatten? Jesus Christus mutet es uns zu, ohne ihn in Raum und Zeit weiterzuleben. Er geht in die Transformation, wir haben hier in Raum und Zeit noch unsere Aufgabe zu erledigen. Wohin aber mit mir, werden Sie jetzt fragen. Fragen Sie Gott, wohin Ihr Weg geht, was Ihre Aufgabe ist. Er wird ihn Ihnen schon zeigen, bis er uns am Ende in die neue Dimension der Auferstehung abholen wird. Und bis es so weit ist, achten Sie auf Ihre Erlebnisse und Erfahrungen. Vielleicht begegnen Sie dem Auferstandenen schon vorher. Aber das werden Sie erst im Nachhinein erkennen.

Leben lernen

Psalm 66,20

Gelobt sei Gott, der mein Gebet nicht verwirft noch seine Güte von mir wendet.

Auslegung

Wissen Sie, was manchmal so schwierig am Leben ist? Ist Ihnen auch schon einmal aufgefallen, dass es im Erleben des Alltags manchmal auf und dann auch schon bald wieder abwärts geht? Wenn Sie denken, Sie hätten endlich mal eine lange Zeit vor sich, in der Sie alle Glieder von sich strecken könnten. Oder Sie genießen es, kleine oder große Erfolgserlebnisse zu haben, endlich einmal durchatmen zu dürften, Frieden mit sich und den Anderen zu spüren. Und wenn Sie das Gefühl des Rückenwindes gerade anfangen zu genießen, dann ändert sich im nächsten Augenblick plötzlich der Wind und er bläst Ihnen von vorne ins Gesicht. Sie spüren die Schwere des Lebens und denken: "Schade, dass die Ruhephase nicht länger dauerte". Oder Sie werden wütend und schimpfen auf das Leben und auf Gott. Vielleicht planen Sie die Flucht vor den neuen Problemen, vielleicht ist der Gegenwind sogar so stark, dass Sie hingefallen sind, weil Sie die plötzliche Last Ihres Lebens wieder einmal niedergedrückt hat. Ich möchte Sie heute davor bewahren, wenn Sie einmal gestolpert sind, sich selbst gegenüber der Auffassung zu sein, versagt zu haben, nicht zu taugen oder angesichts der neuen Probleme keinen Lebenssinn zu spüren. Setzen Sie ihre Selbstachtung bitte nicht zu schnell aufs Spiel. Sie sind nämlich nicht der/die Einzige, die immer und immer wieder strauchelt. Es gibt eine weisheitliche Sicht der Dinge, die wir im Leben erfahren. Die besagt, dass es eben nicht immer gut ist für Sie, wenn Ihr Weg immer nur eben verläuft. Ihr Lebensweg wird steinig und uneben, wenn es Zeit ist für Sie, zu wachsen. Nur zu selten schätzen wir solche Lebensphasen als etwas Gutes. Wir lernen nicht so gerne. Denn Lernen ist anstrengend. Doch wenn wir nicht liegenbleiben, nachdem wir gefallen sind, und gehen weiter über Stock und Stein, dann warten bald versprochene Geschenke auf uns. Jede Anstrengung hat ihren Preis, aber auch ihren Lohn! Z.B. erlangen wir durch das Überwinden von Schwierigkeiten ein größeres Selbstbewusstsein, oder eine tiefere Empfänglichkeit und mehr Feingefühl für andere, vor allem für solche Mitmenschen, die leiden. Und wir lernen, was Demut heißt: der Mut, menschlich, also begrenzt und verletzlich zu sein und in dieser Haltung anderen wiederum zu dienen. Erst im Nachhinein sehen wir, wieviel Gutes uns eine harte Wegstrecke unseres Lebens bringt. Paradoxerweise gilt das Folgende: Je öfter wir stolpern, uns dann aufrappeln und entschlossen weitergehen, desto selbstsicherer und desto liebevoller werden wir. Und wenn Sie das Gefühl haben, dass Gott Sie nicht liebt, weil er Sie mit Problemen bestraft, dann möchte ich Ihnen einen Vers aus dem Buch der Sprüche 3,12 mit auf den Weg geben: *"Wen Gott liebt, den weist er zurecht, und hat doch Wohlgefallen an ihm wie ein Vater am Sohn."* Gott will, dass Sie aus Ihren Erfahrungen lernen und dadurch stärker werden. Er will Ihnen Gutes und nicht etwas Böses! Vertrauen Sie darauf, dass er Sie liebt und sich um Sie sorgt, dann gehen Sie Ihren Weg weiter, und zwar mit Gott.

Sein inneres Kind bewahren

Markus 10,15

Jesus: „Ich versichere euch: Wer sich Gottes neue Welt nicht schenken lässt, wie ein Kind, wird niemals hineinkommen."

Auslegung

Erinnern Sie sich noch an die Zeit Ihrer Kindheit? Sie liegt vielleicht schon lang zurück. Was haben sie seitdem nicht alles erlebt, vielleicht auch erleiden müssen und ausgehalten. Welche Träume mussten Sie begraben, wie viele Nächte haben Sie schon wach gelegen und sich vielleicht zurückgesehnt nach unbeschwerten Kindertagen, als die Sonne noch heller schien und Schulferien das größte Glück bedeuteten. Ich möchte Sie auf eine Reise in Ihr Inneres einladen und Sie bitten, zu spüren, wie Sie als Kind waren. Gehen Sie durch all die Erlebnisse der Ängstlichkeit, des sich Schämens, des Wütendseins und des Schmerzes aller Ihrer Erinnerungen und schmerzenden Botschaften, die Sie seit Ihrer Kindheit über sich ergehen lassen mussten, zurück. So lange, bis Sie auf das ausgelassene, unbeschwerte, entzückende und zutiefst liebenswerte Kind treffen, das Sie auch waren und das bis heute in Ihnen lebt. Spüren Sie es? Sie sind ganz tief drinnen ein Kind geblieben, im Herzen. Und nun hören Sie, was Jesus mit solchen Kindern, wie Sie eines sind, erlebt hat (Markus 10,13ff): Jesus sollte einmal Kinder anrühren und segnen, um ihnen gut zu tun, denn Jesus gilt bei den Eltern der Kinder als Jemand ganz Besonderes. Aber es kommt zu einem Zwischenfall. Seine Jünger, diese ernsthaften und diskreten Erwachsenen wollen es nicht zulassen, dass "nur" Kinder zu ihrem Meister gelangen und ihm seine kostbare Zeit rauben. Jesus wird tatsächlich wütend, denn er hat sich sehr auf diese kleinen Kinder gefreut und nun werden sie ihm vorenthalten. Stellen Sie sich vor, auch Sie sind eines dieser Kinder. Jesus erwartet Sie schon und Sie sind ganz aufgeregt, wie die Begegnung wohl sein wird? Sie fragen sich: will er wirklich mit mir zusammen sein? Sie zweifeln daran, denn selbst die Jünger haben etwas dagegen. Und plötzlich hören Sie wie Jesus ruft: „Lasst die Kinder doch zu mir kommen und hindert sie nicht daran; denn für Menschen wie sie steht Gottes neue Welt offen". „Menschen, wie sie" heißt, dass hier Menschen gemeint sind, die auch noch als Erwachsene im Herzen wie Kinder geblieben sind: gutgläubig, verletzlich, blind vertrauend, unsicher, liebesbedürftig, harmoniebedürftig, voller Gefühle, hilflos gegenüber der Welt und ihrer Anforderungen. Jesus will Sie, so wie Sie sind! Er meint Sie im tiefsten Ihres Herzens. Er meint Sie nicht in den Rollen, die Sie sonst spielen, um sich zu schützen. Sie selbst sind liebenswert und Jesus sieht Ihr ganzes Herz an. Nur weil die Menschen nicht für Sie da waren, als Sie sie so tief gebraucht hätten. Nur weil andere Menschen wiederum unfähig waren, Ihnen Liebe in der richtigen Form zu geben oder nur, weil Ihre Beziehungen vielleicht gescheitert oder festgefahren sind, ist es in gar keiner Weise gesagt, dass Sie nicht liebenswert wären. Lassen Sie sich von Jesus umarmen, herzen und segnen. Dann werden Sie erfahren, wie viel Liebe Sie verdient haben, allein dafür, dass es Sie gibt. Er wartet auf Sie.

Loslassen – Das Geheimnis jeden Gebets

Markus 4,26-29

Jesus: „Mit der neuen Welt Gottes ist es wie mit dem Bauern und seiner Saat: Hat er gesät, so geht er nach Hause, legt sich nachts schlafen, steht morgens wieder auf – und das viele Tage lang. Inzwischen geht die Saat auf und wächst; der Bauer weiß nicht wie. Ganz von selbst lässt der Boden die Pflanzen wachsen und Frucht bringen. Zuerst kommen die Halme, dann bilden sich die Ähren und schließlich füllen sie sich mit Körnern. Sobald das Korn reif ist, schickt der Bauer die Schnitter, denn es ist Zeit zum Ernten."

Auslegung

Jesus hat uns hier ein Bild geschenkt, das mich an meine Gebetshaltung erinnert. Immer wieder abends, wenn ich mich zur Ruhe lege, lasse ich noch einmal den Tag an mir vorbeiziehen. Die Fülle der Erlebnisse ist manchmal so groß, dass es mir schwer fällt, das alles zu verarbeiten. Manchmal stoße ich in meinem Erleben des Tages und meinem Nachsinnen darüber auf Dinge, die mir Sorgen bereiten. Ich merke aber auch, dass diese Erlebnisse manchmal Umstände betreffen, die ich nicht einfach handelnd im nächsten Handumdrehen lösen könnte. Es sind andere Personen beteiligt, die von eigenen Zielen und Lebensumständen angetrieben sind, die sich von mir nicht beeinflussen lassen. Oder es betrifft Umstände, auf die ich ganz und gar nicht Einfluss nehmen kann, wie z.B. die Heilung einer geliebten Person von einer schweren Krankheit. Ich könnte dann stundenlang darüber nachgrübeln und immer unruhiger werden und mich darin verbeißen. Um das dann aber nicht zu tun, konzentriere ich mich auf diese Umstände und meine Wünsche, die ich mit einer Problemlösung verbinde. Ich denke mich in die Gegenwart Gottes und spreche mit ihm darüber. Am Ende lege ich all diese Lebenszusammenhänge samt den betroffenen Personen, die mir zu schwer sind, in Gottes Hand. Ich lasse alles innerlich wirklich los und gebe es an Gott ab. Von ihm erhoffe ich mir nun eine innere Ruhe zu erlangen, um Schlafen zu können. Und von ihm wünsche ich mir, dass er die Dinge und betroffenen Menschen so führt, dass das Problem sich auflöst und mir nicht mehr auf der Seele lastet. Oder es wird mir mit der Zeit deutlich, was ich noch tun könnte. So jedenfalls verstehe ich diese Beschreibung Jesu von der spirituellen Welt Gottes und unseren Umgang damit. Denn der Bauer sät etwas. Das mag sein Anteil an einer Handlung sein, die Teil einer Lösung sein könnte oder es könnte schlicht sein Gebet sein, wenn es um etwas geht, wofür er gar nichts tun kann. Und wenn er alles in seiner Macht Stehende getan hat und gebetet hat, also gesät hat, geht er schlafen. Und das tut er mehrmals hintereinander. Darin sehen wir, dass es sich manchmal um eine Zeitspanne handelt, in der Gott von uns die Chance bekommen muss, allein zeitlich gesehen, im Verborgenen zu wirken. Denn aus der investierten und ausgestreuten Saat wächst erst mit der Zeit etwas sehr Fruchtbares heran. Der Bauer geht nicht voller Ungeduld andauernd hin und zieht die Frucht aus der Erde heraus. Sie wächst von selbst. Er wartet das ab und schläft einige Nächte darüber ein. Er weiß auch nicht, was es mit dem Wachsen der Saat und einer Lösung auf sich hat. Er will es auch gar nicht genau wissen! Das ist Ge – lassen - heit. Ich lasse den Dingen ihren Lauf. Und wenn die Zeit reif ist, empfange ich aus der spirituellen Welt heraus meine Früchte und ernte eine veränderte Situation und erfahre vielleicht einen neuen Umgang mit Menschen, mit denen zuvor noch ein Problem bestand. Ich muss nicht wissen, warum. Denn wichtiger ist, dass ich wieder einen Schritt weiter bin und zufriedener. Danke Gott! Das genügt.

Unsere letzte Reise

Genesis 24,56

Da sprach Abrahams Knecht zu ihnen: „Haltet mich nicht auf, denn der Herr hat Gnade zu meiner Reise gegeben. Lasst mich, dass ich zu meinem Herrn ziehe."

Auslegung

Ich möchte diesen theologischen Andachtszyklus bewusst mit dieser und der nächsten Bibelstelle schließen lassen, weil sie sich für einen tröstenden Ausblick über unseren Tod hinaus eignen. Diese Stelle aus dem Buch Genesis gibt einen Ausblick für unsere Seele, wenn sie gerade einen lieben Menschen verliert oder bereits lange verloren hat. Ich weiß, dass es eine „exegetische Sünde" ist, einen Bibelvers aus seinem Zusammenhang zu reißen und ihn dann einzeln zu erklären. Ich möchte aber immer den seelsorglichen Nutzen der perfekten Auslegung vorziehen. Denn dieser Vers hat eigentlich mit dem Tod und Sterben nichts direkt zu tun, sondern mit Abschied auf Grund einer Reise. Aber Abschied, genauso wie Schlaf, hat eine gewisse Verwandtschaft zum Abschied im Sterben. Der Bibelvers gehört zu der Erzählung, wie Isaak, der Sohn Abrahams, seine Frau Rebekka findet. Ein Knecht Abrahams ist bei dessen entfernten Verwandten unterwegs, um Rebekka zu fragen, ob sie Isaak heiraten möchte. Sie willigt ein. Die Verwandten wollen daraufhin den Knecht überreden, noch etwas länger als geplant bei ihnen zu verweilen und Rebekka nicht sofort mitzunehmen. Sie wollen Rebekka nicht so überstürzt loslassen, sich vielleicht in Ruhe von ihr verabschieden. Der Knecht Abrahams aber lässt sich nicht aufhalten und formuliert diesen Vers. So, wie den Verwandten, die ihre Rebekka nicht so schnell loslassen wollen, geht es doch auch uns, wenn es darum geht, einen geliebten Menschen ziehen zu lassen. Am stärksten halten wir manchmal unsere Sterbenden fest. Und manchmal hat es der Tod leider auch so eilig wie dieser Knecht Abrahams. Und er kommt auch, von außen betrachtet, eigentlich immer zu früh. Wir selbst wissen ja nicht, wie es unseren Kranken und Alten im Alltag wirklich geht. Ein indianisches Sprichwort lässt uns den Anderen erst richtig verstehen und nachvollziehen, wenn wir uns in seine Schuhe stellen und das Leben einmal aus seiner Perspektive „ertragen". Und wenn uns ein geliebter Mensch durch den Tod genommen wird und wir uns vorstellen, er hätte den oben stehenden Vers zu uns gesagt, wenn wir weinen und ihn niemals freiwillig gehen lassen würden, dann würde mich dieser Vers aus drei Gründen sehr trösten. Denn zunächst einmal weist das „Haltet mich nicht auf" des Sterbenden oder Verstorbenen unseren Egoismus in seine Schranken. Denn es schiebt uns in unserem Empfinden, das wichtigste im Leben und im Lieben zu verlieren, beiseite. Denn wir stehen dem Sterbenden damit nur im Weg. Der Vers vermittelt den Eindruck, dass der Sterbende das Ziel seines Weges kennt und dieses Ziel auch gerne erreichen möchte. „Der Herr hat Gnade zu meiner Reise gegeben" offenbart doch zweitens, dass der Verstorbene sein Reiseziel von keinem geringeren als Gott bekommen hat. Der Sterbende hat sich vielleicht in den einsamen und beschwerlichen Nächten seiner Krankheit oder seines Alters zunehmend an Gott gewandt. Vielleicht auch gegen seine sonstige Glaubenshaltung. Und dieser Gott hat ihm vielleicht geantwortet. Wissen Sie, was im Herzen eines Sterbenden wirklich vorgeht? Was er sieht? Oder wen er noch sieht? Vielleicht holt uns jemand aus der Welt der Verstorbenen ab, um uns den Übergang zu erleichtern? Vielleicht sieht man das berühmte Licht am Ende des Tunnels oder spürt die unendlich große und verführerische Liebe Gottes ungemindert? „Lasst mich (in Ruhe), dass ich zu meinem Herrn ziehe" überzeugt mich dann drittens, dass der Sterbende wirklich auf einem neuen, verführerischen Weg ist, um endlich das zu erfahren, an was er entweder geglaubt hat oder nicht. Der Weg führt ihn nicht mehr zurück zu den Lebenden, sondern vorwärts zu den bereits Gestorbenen und in die Arme Gottes. Vielleicht empfindet er sich schon länger nicht mehr wirklich als ein vitaler Teil der Gesellschaft. Und damit kann er vollen Herzens das Alte hinter sich lassen und die berühmte Silberschnur reißt ab. Nur unser Zweifel, unser Kleinglaube, unsere Angst der Zurückgebliebenen wollen uns vermitteln, unser Geliebter könnte ins bodenlose Dunkel gefallen sein. Aber ich glaube, dass noch niemand von dort drüben zurückgekehrt ist, das hat seine Gründe! Ich wünsche uns allen, dass wir, wenn es soweit ist, der Welt zurufen können: „Haltet mich nicht auf, denn der Herr hat Gnade zu meiner Reise gegeben. Lasst mich, dass ich zu meinem Herrn ziehe“, denn Reisende soll man schließlich nicht aufhalten!

Nahtod - Nur was für Esoteriker?

2. Korinther 12,2-4

Paulus: „Ihr zwingt mich dazu, dass ich mein Selbstlob noch weiter treibe. Zwar hat niemand einen Nutzen davon; trotzdem will ich jetzt von den Visionen und Offenbarungen sprechen, die vom Herrn kommen. Ich kenne einen mit Christus verbundenen Menschen, der vor vierzehn Jahren in den dritten Himmel versetzt wurde. Ich bin nicht sicher, ob er körperlich dort war oder nur im Geist; das weiß nur Gott. Jedenfalls weiß ich, dass diese Person ins Paradies versetzt wurde, ob körperlich oder nur im Geist, das weiß nur Gott. Dort hörte sie geheimnisvolle Worte, die kein Mensch aussprechen kann."

Auslegung

Was hat Paulus hier Eigenartiges und Fremdes erlebt? Er selbst nennt es Visionen, Offenbarungen, den dritten Himmel und das Paradies. Ob er das Ganze mit dem Körper oder nur im Geist erfahren hat, kann er selbst gar nicht mehr recht sagen. Er spricht hier übrigens von sich in der dritten Person, weil er mit diesem Erlebnis nicht angeben will. Er deutet es als ein Genschenk Gottes und nicht als seine eigene religiöse Leistung. Es ist ihm hörbar unangenehm, dieses persönliche Erlebnis zu erzählen. Dennoch will er die Korinther von sich und seiner Mission überzeugen und lässt sich dazu hinreißen, es doch Preis zu geben, weil sie an ihm zweifeln. Ich bin Paulus dankbar für diese religiöse Offenheit, denn mich erinnert seine Beschreibung dieses eigenartigen Zustandes im Paradies an all die Erzählungen, die Nahtoderfahrene erleben. Dies sind Menschen, die in einer Operation oder einer Krankheit dem Tode so nahe kommen, dass z.T. keine Gehirnströme oder Kreislaufaktivitäten mehr an ihnen gemessen werden können.[14] Während dieser todesähnlichen Situation haben sie zuweilen ein außerkörperliches Erlebnis, können sich selbst aus der Höhe beobachten oder geraten in Welten, die sie hinterher als himmlischen Bereich deuten. Sie erfahren einen Rückblick auf ihr Leben und fühlen sich geneigt, darüber zu urteilen, ob es gelungen war oder eher nicht. Sie sehen am Ende eines Tunnels ein unbeschreibliches Licht, empfinden eine große Liebe Gottes und eine unbeschreibliche Geborgenheit. Sie begegnen bereits Verstorbenen, die sie in Empfang nehmen, oder geistliche Personen wie z.B. Jesus. Elisabeth Kübler-Ross hat allein ca. 20 000 Kinder interviewt, die ein solches Erlebnis hatten.[15] Sie hat diese Berichte wissenschaftlich ausgewertet und einen gewissen gleichen Ablauf einer solchen Nahtoderfahrung festgestellt. Diese Phasen geschehen Menschen aus unterschiedlichen Kulturen und Glaubensrichtungen oder auch Atheisten in gleicher Weise. Hinterher fühlen die Betroffenen keine Angst mehr vor dem Tod und werden religiös, wenn sie es nicht schon vorher waren. Interessant finde ich das Erleben vom Neurologen Dr. Eben Alexander, der ein solches Erlebnis in seinem einwöchigen Kampf um sein Leben gegen eine Gehirnentzündung hatte.[16] Er war zuvor ein religionsferner Wissenschaftler, der als Neurochirurg tätig war. Eigentlich hätte er bei der Schwere seiner Erkrankung nicht überleben dürfen, geschweige denn ein solches inneres Erlebnis haben dürfen oder schon gar nicht recht schadlos aus seinem einwöchigen Koma erwachen dürfen. Denn Kritiker erklären Nahtoderfahrungen gerne mit den letzten aufbäumenden Gehirnaktivitäten vor einem Versiegen der vitalen

---

[14] Paulus schildert im 2. Korinther 11, 23ff. wie er oft geschlagen, ja sogar einmal gesteinigt wurde, Stockschläge erlitt, dreimal Schiffbruch erlitt und einmal einen Tag und eine Nacht auf dem tiefen Meer trieb. Das sind extreme Belastungssituationen, in denen man zuweilen das Bewusstsein verlieren und eine sogenannte Nahtoderfahrung haben könnte! Diese Not könnte die Grundlage seiner Offenbarung, wie er eine Nahtoderfahrung nennt, sein.

[15] Elisabeth Kübler-Ross: „Über den Tod und das Leben danach"

[16] Dr. Eben Alexander: „Blick in die Ewigkeit. Eine faszinierende Nahtoderfahrung eines Neurochirurgen"

Grundlagen von Herz und Gehirn. Aber sein Gehirn war bereits so vereitert und stillgelegt, dass seine Kollegen schon keine Gehirnströme mehr bei ihm messen konnten und es war nur dem Mut eben jener Kollegen zu verdanken, dass die lebenserhaltenden Instrumente nicht vorzeitig abgeschaltet wurden. Auch wenn er nochmal aufwachen sollte, war die Hoffnung versiegt, dass er nach einer Woche unversehrt aus diesem Koma aufwachen würde. Die Ehefrau wurde bereits gewarnt, er würde nach einem Aufwachen, wenn es denn überhaupt dazu käme, niemals derselbe sein. Er selbst hat diese Woche ganz anders erlebt, nämlich eher so, wie Paulus es beschreibt. Auch er fühlte sich ins Paradies versetzt und hat unbeschreibliche Musik und himmlischen Gesang wahrgenommen. Er ist nach einer Woche, wie einem Wunder gleich, aufgewacht und wusste, dass er in der Welt Gottes war. Da kann man nur resümieren: „Den Himmel gibt´s echt." Das meint auch der vierjährige Colton, der im gleichnamigen Film davon erzählt, dass er im Himmel war. Er hatte seine Nahtoderfahrung während einer Operation, an der er fast gestorben wäre. Er berichtet seinen Eltern danach von Dingen und Personen der Familie, die er gar nicht wissen und kennen kann. Seine Eltern sind Theologen und sehen in den Erlebnissen eine Bestätigung dafür, dass es das Paradies wirklich gibt. Bilden wir uns selbst ein Urteil. Mir machen diese Erfahrungen anderer Menschen Mut, dass es in unserem Leben doch um mehr geht als nur um Materie und unser Glaube gerade als ein Nichtwissen etwas sehr Wertvolles ist, das zu pflegen sich lohnt. Und wenn es stimmt, dass wir am Ende unser Leben noch einmal als Film im Rückblick sehen werden, sorgen wir doch dafür, dass es ein sehenswerter Film wird, in dem wir täglich versuchen, unser Bestes zu geben. Auf diese Weise sollten wir rechtzeitig beginnen, verantwortlich zu leben, in Bezug zu uns selbst, dem Nächsten gegenüber und in unserer Gesellschaft. Bis unsere Zeit hier auf Erden erfüllt ist und wir in den dritten Himmel entrückt werden, so Gott will.

Ein Schlussgedanke:

Wenn Sie in Ihrem Leben etwas anderes Schönes und Erfüllendes erleben und erfahren möchten, das Sie bisher nur im Leben der anderen beobachtet haben, dann sollten Sie im Kleinen anfangen, jetzt etwas anderes zu tun, als das, was Sie schon immer getan haben. Dabei genügen schon kleine Änderungen. Denn: Das Kleine und Geringe, was Sie machen können, ist bereits sehr viel und völlig ausreichend. In jedem Leben gibt es ähnliche Bewegungen durch das ganze Leben hindurch. Mal finden wir uns auf grünen Auen wieder, dann gehen wir auf rechter Straße, die plötzlich zum finsteren Tal wird. Überwinden wir die Finsternis, werden wir zu Königen gesalbt, erfahren aber dennoch Feinde, die unsere Lehrer sind. Manchmal stehen wir uns selbst am meisten im Weg. Lassen wir uns auf auch schwierige Begegnungen ein, passt Gott auf uns auf und versorgt uns. Der Barmherzigkeit Gottes dürfen wir uns dabei jederzeit sicher sein. Das alles bedeutet doch für uns, dass wir immer in Bewegung bleiben sollten. Wir müssen unseren schicksalhaften Weg gehen, hinfallen, aber niemals liegen bleiben. In unserer Spiritualität (von Spiritus: Atem) sollten wir tief in den Bauch atmen und Neues ausprobieren, bis wir Neues erfahren. Denn unser Schicksal ist, was wir (mit Gottes Hilfe) daraus machen!

Viel Erfolg und Freude beim spirituellen Wachsen, Ihr Gerhard Zoske

Wenn Sie mir zu den Gedanken des Buches eine Rückmeldung geben möchten oder Kontakt wünschen, um mit mir zu sprechen, senden Sie mir gerne eine Nachricht an folgende email-Adresse:

Gerhard.Zoske@googlemail.com

Ich freu mich auf Sie!

MIX
Papier aus verantwortungsvollen Quellen
Paper from responsible sources
FSC® C105338

Printed by Books on Demand GmbH, Norderstedt / Germany